다이돌핀이
주는 **지혜**

다이돌핀이 주는 지혜

|김진수 목사|

추천사 1

　살아가면서 인생길에 좋은 친구를 만나고 좋은 멘토를 만난다는 것은 참으로 귀한 일이 아닐 수 없습니다.
　왜냐하면 인생은 혼자 살아갈 수 없는 존재요, 때때로 이렇게 해야 할까? 저렇게 해야 할까? 고민하며 방황할 때가 많기 때문입니다. 그런데 오늘 좋은 친구가 되어주고 좋은 멘토가 되어주는 좋은 책 한 권을 권해 줄 수 있게 되었으니 얼마나 기쁜 일입니까?
　평소 김진수 목사의 강직한 인품과 아름다운 삶의 모습을 흐뭇하게 지켜보았는데 그의 신학과 사상 그리고 인생관을 담은 귀한 책을 받아 읽으면서 나의 생각이 틀리지 않았다는 확신을 하였습니다. 그의 글은 그리스도인들뿐만 아니라 세상 사람들이 고민하는 다양한 이슈들을 망라하고 있습니다. 그런데 그 이슈들을 접근하고 풀어가는 안목과 식견이 편협하지 않고 균형이 잡혀있으며, 게다가 결론은 언제나 성경적이기까지 합니다.
　따라서 이번에 발간하는 이 책은 목회자와 성도들뿐만 아니라 일반인들에게도 분명한 삶의 좌표와 양식을 제공할 것이라고 확신하면서 이 책을 적극 추천하는 바입니다.

앞으로 더 좋은 글을 많이 쓰고 더욱 더 귀하게 쓰임 받는 하나님의 종이 되시길 바랍니다.

중앙신학대학원 대학교 총장 **백 기 환** 박사

추천사 2

할렐루야! 먼저 김진수 목사님께서 『다이돌핀이 주는 지혜』라는 귀한 책을 발간하신 것을 진심으로 축하드립니다.

기독교중앙신문이 배달될 때마다 김진수 목사님의 목사칼럼을 빠짐없이 읽으면서 큰 은혜와 감동을 받아오던 차에 그 글들을 한 권의 책으로 발간하게 되었다니 참으로 기쁘게 생각하면서 독자들에게 추천하는 바입니다.

이 책은 김진수 목사가 긴 세월동안 하나님과의 영적 씨름을 통해 체험한 것들과 목회사역을 통해 경험한 것들 그리고 강단에서 신학생들을 가르치면서 연구한 다양한 학문들을 융합하여 순도 높은 진리로 산출된 메시지라 할 것입니다.

그는 기도의 사람이요 말씀의 사람입니다. 그래서 그의 메시지는 다분히 영적입니다. 그는 영성을 강조합니다. 성령충만을 강조합니다. 개인의 본질회복을 강조합니다. 그리스도의 아름다운 형상을 강조합니다. 그래서 기독교의 본질은 잃어버린 채 교회의 외형적 성장과 성공 그리고 맹목적인 믿음과 열심을 목회와 신앙의 정도인줄 알고 달려가는 한국교회에 광야에서 외치는 소리가 되고 있습니다.

그는 정치 경제 사회 문화 종교 사상 등 모든 것이 인류를 살리고 복되게 하는 것이어야 한다고 강조합니다. 그래서 그는 공산주의의 해악을 진술하면서, 자본주의도 경계합니다. 자본주의가 인간 가치의 하락을 가져온다고 하면서 교회는 인간존중에 나서야 한다고 외칩니다.

그는 그리스도인들이 내적그릇을 채우는데 힘을 써야 한다고 외칩니다. 그리스도인의 경쟁력은 사랑실천에 있다고 외칩니다. 기독교적 신앙이 원동력인 삶은 누가 보아도 아름다워야 한다고 외칩니다. 그의 신선한 외침들이 들을 귀가 있는 자들에게 들려져 영혼들이 살아나고 기쁨의 감격들이 넘쳐나길 바라면서 이 책을 적극 추천하는 바입니다.

미국코헨대학교 신학대학원 박사원원장 **강 신 권** 박사

추천사 3

　　김진수 목사는 끊임없이 기도하고, 노력하고, 앞만 향해 달려가는 충성스런 하나님의 종이다.

　　항상 정도를 걸으며 충성스런 하나님의 종이기를 고집하는 김진수 목사가 이번에 기독교 중앙신문에 연재한 귀한 글들을 단행권으로 엮어 출판하게 된 것을 진심으로 축하한다.

　　그의 글은 이론에 멈추는 것이 아니라 그의 경험에서 나오는 실천과 실증이 뒷받침되고 있기에 호소력을 갖는다.

　　먼저 그의 글들은 기독교적 울타리 속에서 멀리 보지 못하는 목회자들에게 다양한 세상적 이슈들을 제시하고 이를 신학뿐만 아니라 정치학, 경제학, 경영학, 사회심리학, 정신의학적 이론 등 학문의 창을 열어 들여다보게 함으로써 세상사에 대한 넓고 높은 식견을 갖게 하는데 큰 유익을 주고 있다.

　　그의 글에는 신학뿐만 아니라 다양한 전문분야에서 존경받는 수많은 학자들의 견해와 학설, 주제에 걸 맞는 명언, 예화와 간증 등으로 그의 주장을 설득력 있게 하고 있다.

　　그의 글은 좌나 우의 극단을 경계한다. 극단은 분쟁과 갈등의 요소가 되기 때문일 것이다. 하지만 그는 신앙인 답게 절대적 진리와 본질은 고집하는 강직함이 있다.

그는 세상과 교회에서 일어나는 이슈와 현상들에 대하여 명쾌하게 해부하고 쉬운 실천적 해답을 준다. 그는 이런 이슈들에 대하여 세상적 이론과 성경적 진리를 연결시키고 대비시킴으로써 그 유사성과 차별성을 드러내고 더 나아가 하나님을 근원으로 하는 성경적 진리의 탁월함으로 해결에 이르게 한다.

이것은 그가 깊은 영성과 지성을 겸비한 목사요 교수이기에 정치 경제 사회 문화 종교 등 각 분야에서 야기되는 이슈들을 기독교의 정통신학과 정통신앙의 기초 위에서 그 해법을 명쾌하게 제시하고 있기 때문이리라.

특별히 그의 글은 영성신학자요 실천신학자로서의 해박한 지식과 깊은 영적 체험이 어우러져 있다. 그의 해박하고 순수한 영성에 대한 진술은 그의 학문적 깊이를 체험적 신앙이 뒷받침하고 있는 형국이라 할 것이다.

그는 기독교 진리가 주는 기쁨과 감격을 최근 의학이 발견한 감동 받을 때의 호르몬인 다이돌핀이 주는 지혜라고 갈파함으로써 기독교 신앙의 탁월함을 일깨운다. 그는 "행복해지고 싶은가?"라고 물은 뒤에 "행복은 우리를 구원하시고 안전하게 보호하시는 하나님께서 우리 곁에 계신다는 사실을 잊지 않는 것이다"라고 답한다. 기독교 신앙을 가지게 된 것 그 자체가 바로 최고의 행복이라는 것이다.

한편 그는 현재 한국교회의 세속화경향과 기복주의 그리고 이원론적 신앙에도 경계의 목소리를 늦추지 않는다. 광야에서 외치는 신선한 소리가 아닐 수 없다.

신앙과 생활의 표리부동을 질타하며 이화여대 학생들에게 가장 피하고 싶은 시어머니상을 물으니 가장 많은 응답을 한 응답순위 일위가 예수 잘 믿는 권사 시어머니였다는 기사를 예로 드는 대목에서는 실소를 금치 못하게 한다.

그는 오늘날 재부흥의 지름길은 대형 집회나 부흥회를 갖는 데 있는 것이 아니라 기독교의 '싸구려'와 '혐오' 이미지를 극복하는 것이 최우선 과제라는 것이다. 문제는 성도 개개인의 신앙과 삶이 예수님을 닮는 데까지 변화되어야 하는데, 이를 위해 내적 그릇을 성령으로 채워야 한다고 강조한다. 광신적 신앙을 가졌으나 삶의 태도에서 그리스도의 향기는 없는 것은 문제라는 것이다.

그는 설교자들의 분별력 없는 예화인용도 질타한다. 목회자들은 설교를 위해 예화를 인용할 때 목적 지향적이 아니라 결과에 이르는 과정도 살펴보는 균형 잡힌 시각을 가져야 할 것을 촉구하는 대목이다.

그는 한국교회의 개혁을 위해 세계적인 선교도 중요하지만 개체로서의 기본을 지키는 것이 미래의 경쟁력이 될 것이라고 충고한다. 그의 말대로 한국교회는 교회의 외형적 성장에 찬사를 보내고 왜곡된 믿음, 맹목적인 신앙을 유도하는 어리석음에서 벗어나야 할 것이다.

그는 기독교의 인생관을 말하면서 기독교인의 삶은 살아남기 위함이 아니라 세상을 성경적으로 변화시키기 위함이 되어야 한다고 역설한다. 그의 말대로 기독교인은 종말론적 신앙을 가지고 예수님을 닮은 변혁적 리더가 되어야 할 것이다.

나는 김진수 목사의 이 저서가 한국교회의 목회자와 성도들을 각성케 하고 새로운 도전을 주며, 실제적인 도움이 되리라고 확신한다.

백석대학교 기독교전문대학원장 홍 인 규 박사

머리말

할렐루야!

먼저 지금까지 은혜와 진리 가운데로 인도하시고 할렐루야 영광교회의 목사로서 섬기게 하신 하나님께 감사를 드립니다. 그리고 부족한 종을 중앙총회 선지학교 교수로 불러주시고 본서가 출판되기까지 격려해 주신 예장 중앙총회 백기환 총회장님께 감사를 드립니다. 아울러 본서의 추천서를 기쁜 마음으로 써 주신 미국의 코헨대학교신학대학원장 강신권 박사님과 백석대학교 기독교전문대학원장 홍인규 박사님께도 진심으로 감사의 말씀을 드립니다.

이 책은 필자가 2006년 4월부터 지난 3년6개월 이상 기독교중앙신문에 기고한 목사칼럼의 내용을 정리한 것이다. 이 칼럼들은 종교의 문제뿐만 아니라 우리가 살고 있는 이 사회에서 일어나고 있는 정치 경제 사회 문화 외교 국방 교육 사상 철학 등 여러 가지 분야의 제반 사건과 이슈들을 그 배경으로 하고 있다. 이 글들은 공허한 이론이나 원리 또는 필자의 주장만을 내세운 것이 아니다. 현장의 상황과 그 상황을 바라보는 사람들의 주장을 객관적으로 진술하였고 그에 대한 역사적 선각자들의 다양한 견해들을 서술하였으며 궁극적으로는 성경적인 해답을 찾으려고 노력하였다.

예수님은 말씀하시기를 "너희는 세상의 소금이니 소금이 그 맛을 잃으면 무엇을 짜게 하리요...... 너희는 세상의 빛이라 ...... 이같이 너희 빛을 사람 앞에 비취게 하여 저희로 너희 착한 행실을 보고 하늘에 계신 너희 아버지께 영광을 돌리게 하라"고 하셨다. 예수님은 세상을 강조하셨다. 이것은 세상이 그만큼 중요하다는 것이다. 그 세상을 잘 이해하고 분석하여야 소금의 맛을 내고 빛을 비출 수 있는 것 아니겠는가? 그러므로 이 책은 세상에서 일어나는 현실과 이와 관련된 지식을 얻고자 하는 분들은 물론, 콘텍스트인 세상 속에서 참 진리의 빛을 찾고자 하는 성도들과 신학생, 그리고 목회자들에게 많은 도움을 줄 것으로 확신한다.

끝으로 부족한 종이 앞으로 주님이 맡겨주신 사명을 더욱 더 잘 감당할 수 있도록 관심과 격려 그리고 기도를 부탁하며, "예수님은 좋은데 교회는 싫다"는 비신자들의 탄식하는 소리가 여기저기서 들려오는 이때에 본서가 한국교회의 이미지를 제고하고 교회의 영향력을 회복할 수 있는 밑거름이 되길 간절히 기도한다.

2009년 가을 할렐루야 영광교회 서재에서
저자 김 진 수 목사

Contents

part 1

01. 느리고 긴 하나님의 시간 23
02. 바울, 노예를 왕으로 대하다 28
03. 작은 반복의 힘 33
04. 사랑의 사회적 차원 37
05. 삶으로 녹아난 전인적 신앙 42

part 2

06. 내적 그릇을 채워라 49
07. 영혼의 본성 짜기 54
08. 릭 워렌 목사의 언어가 설득력을 얻는 것은 58
09. 개혁의 핵심-관성의 법칙 63
10. 다이돌핀이 주는 지혜 68

part 3

11. 중년이 책을 읽어야할 이유   75
12. 암 병동   80
13. 자기 수련의 문화가 부족하다   84
14. 신앙과 병리   89
15. 성경 이라는 것의 주관성을 극복해야   94

part 4

16. 설교는 소통이다   101
17. 사랑 할 줄 아는 사람   105
18. 어려운 사랑   110
19. 우리 안의 유아심리   115
20. 바뀌어져야 할 설교학   120

part 5

21. 신앙이 전부이지만 맹신은 신앙이 아니다   127
22. 사람도 사회도 치유가 필요하다   132
23. 록펠러의 경우   137
24. 행복하십니까?   143
25. 정치인의 순교   149

part 6

26. 유연성이 힘이다   157
27. 교회는 사람의 활력소이다   163
28. 개신교 영성을 만나다   169
29. 생활의 발견   176
30. 현대인들은 왜 피곤한가?   182

part 7

31. 시소와 그네 1   189
32. 시소와 그네 2   195
33. 사람을 잘 모르는 기독교인?   201
34. 다시 생각해보는 선교   208
35. 교회 개혁의 핵심 과제   215

part 8

36. 개인 지능, 조직 지능 225
37. 자리가 없다 232
38. 어떻게 적용 할 것인가? 239
39. 보수주의와 권위 246
40. 일본인들의 시스템적 사고 253

part 9

41. 지나치게 편향된 성경 해석주의 263
42. 특별한 신앙 270
43. 어떤 종류의 믿음인가? 278
44. 비전은 없다 286
45. 거장들의 삶의 기술 293

01 · 느리고 긴 하나님의 시간
02 · 바울, 노예를 왕으로 대하다
03 · 작은 반복의 힘
04 · 사랑의 사회적 차원
05 · 삶으로 녹아난 전인적 신앙

다이돌핀이
주는 지혜

느리고 긴
하나님의 시간

영원의 시간에 비해 우리 인간은 너무나 한정된 순간을 산다.
그 한정된 순간이 짧다 보니 긴 시간의 관점에서 볼 때 매사를
급하게 단견과 편견, 어떤 집착의 태도로 처리하려는 경향이 있다.

우리 한국 사람들은 다른 것은 용납을 잘해도 느린 것은 용서가 잘 안 된다. 너무나 속도감에 익숙히 길들여 있어서 그런지 '빨리빨리' 라는 말을 혀끝에 붙여 놓고 산다.

얼마 전 미국 특파원 생활을 마치고 귀국한 어떤 유력 일간지의 기자는 다시 한국의 스피드 문화에 재적응해야 하는 문제로 고민이라는 소회를 자사의 칼럼에 쓴 적이 있다. 모든 서비스가 전화 한 통이면 바로 다음날 오전에 번개처럼 모든 장비가 갖춰진 채 대령되는 깔끔한 민첩성! 그리고 은행창구 여직원들의 신기에 가까운 일처리 솜씨. 미국이라면 일주일은 족히 더 걸릴 일이었고 1시간 이상은 각오해야 하는 일이었는데 한국은 쌈빡하게 단 몇 분 이내로 마무리 해 준다는 것이다. 다시 우리의 속도감의 정서

로 재진입하기가 부담이 될 정도라고 그 기자는 엄살을 떨기까지 했다.

　　영원의 시간에 비해 우리 인간은 너무나 한정된 순간을 산다. 그 한정된 순간이 짧다 보니 긴 시간의 관점에서 볼 때 매사를 급하게 단견과 편견, 어떤 집착의 태도로 처리하려는 경향이 있다. 그 빨라지는 과정의 상황에 필요이상의 과민 반응을 일으키고 쓸데없는 힘을 주어 스스로 옭죄어 지기도 하고 그 급함 속에 꼭 필요한 과정을 졸속으로 경험하기도 한다. 마치 어깨에 잔뜩 힘이 들어간 야구 경기의 풋내기 타자처럼---.

　　이런 미숙함에다 리듬도 없이 조절되지 못한 어떤 욕구나 욕망, 과도한 의지가 혼합이 되게 되면 빠른 시간 속에 사람의 마음과 행동은 혼란하고 럭비공처럼 튀어 다니기 십상이다. 그래서 우리 한국 사람들 스스로도 이런 부작용들을 대면해 보고는 서로에게 빠르다라고 하는 것이 과연 좋은 것이냐 하는 적극적인 의문을 최근 서로에게 던져 보곤 하는데 건강한 자성이라고 본다.

　　급하고 빠른 것만이 과연 매력적이고 좋은 것인가? 할 때 우리 하나님은 그에 비하면 너무나 느리고 길다는 느낌을 주기에 충분하다. 나는 급해 죽겠는데 위로부터 내려오는 시간은 도무지 느긋하고 길기만 하다. 우리가 흔히 경험하게 되는 것은 우리가 무슨 일을 믿음으로 맡기고 진행할 때 언제나 우리가 예기치 못했던 일이나 사람을 통해서 일이 이루어지고 뚫린다는 것이다.

인간의 시간과 시각과는 차원을 달리하는 하나님의 진행을 우리는 그렇게 늘 상 그렇게 경험하곤 하는데 이를 보아도 하나님의 시각은 우리와는 다르다. 절대자의 명예를 걸고 언약을 하시고는 황소의 힘줄처럼 질기고 질기게 저울질(?) 하신다. 성령의 은사와 뜨거움은 급한 바람처럼 번뜩하시지만 사람을 향한 중요한 시간은 길고 지루하기만 하다. 믿음의 아버지 아브라함은 그 긴 시간 속에서 실족할 뻔 했고 모세는 의지조차 까맣게 포기한 채 광야에서 시간을 보내야만 했던 것을 우리는 기억하고 있다.

　　그러면 왜 하나님의 시간은 이렇게 길고 지루한가?
　　우리가 경험적으로 생각해 볼 수 있는 많은 이유가 있겠지만 그 중에서도 가장 큰 것은 사람을 만들어 가는 작업에는 시간이 걸린다는 것을 들 수 있겠다. 우리는 흔히 전체 신앙에서도 하나님의 권능과 그 역동적인 능력에만 시선을 빼앗긴 나머지 우리의 신앙과 목회에도 신나고 놀라운 성장이나 성취를 급하게 간구할 때가 많지만 그러나 하나님은 그에 앞서 당신의 자녀, 왕의 자녀인 우리에게 진정한 인격과 삶의 성품을 먼저 요구하신다.

　　믿음과 신앙이라는 것도 무엇을 이루기 전에 먼저 그 결국은 행동의 변화인데 우리는 그 본뜻을 헤아리기 보다는 결국을 어떤 성취나 성장의 물량적 차원으로 쉽게 휘어서 오해하는 경우가 많다. 그래서 어서 빨리, 믿어지는 하나님의 권능 안에서 성취,

성장을 찾아 동분서주하기에 바쁘다. 하지만 그것은 우물에서 급하게 숭늉을 찾는 격으로 스스로를 미숙하게 속이는 것임을 깨닫는 데에는 그리 긴 시간이 들지 않는다.

결국 한 사람의 인격으로서 하나님의 형상으로서의 나를 만들어 가기에 필요 충분한 시간은 급하고 짧은 사람의 시간이 아니고 하나님의 느리고 긴 시간인 것이다. 그 시간 속에서 나는 비로소 나의 스스로 욕구를 투사하고 스스로 주저앉게 했던 주범인 욕망과 집착을 내려놓고 온전히 빛들의 아버지이신 하나님을 의지하게 되고 그 성품을 닮아 받는 축복을 누린다.

내가 예측할 수 없는 위로부터의 시간 속에서 비로소 나는 부서지고 녹아져 내리고 새 사람을 덧입고 비로소 아버지 하나님의 축복의 본뜻이 먼저 성품의 변화임을 깊이 깨닫고 그 하나님의 사랑의 깊이와 넓이를 신뢰하는 법을 몸으로 배운다. 내가 나의 한정된 시간 속에서 위로부터 걸러지지 않은 의지로 급하게 무엇을 해야만 하는 일과 사명이라면 전능자의 이름으로도 그것은 일정부분 나의 것이며 나의 욕구의 투사된 그 무엇일 수가 있다.

성경 본문의 안과 밖, 교회사에서 수많은 하나님의 사람들이 이 걸림돌에서 부딪히고 넘어지고 깨어진 것을 볼 수 있다. 어떻게 거룩하신 주님이 이런 불안한 인간의 허구 위에서 당신의 나라를 건설하시겠는가? 사역과 사명, 일은 일이로되 그것은 나의 시간 속에서 이루어지는 나의 일이 아니고 하나님의 시간 속에서 당신이 이루시는 당신의 일이다. 이 명제가 이루어 진 지반에 사람이 세워 진다면 이제 하늘나라는 그 사람의 주위에서 진정한 힘으로 확장되는 것이다. 이제 시간은 사람에게 편하고 부드럽게 그러나 강하고 빨라지게 된다.

그러므로 우리는 이렇게 고백할 수 있다.

하나님의 길고 느린 시간이야말로 최고의 시간이며 최고, 최선의 과정이며 가장 빠른 지름길의 시간이다! 라고.

바울, 노예를
왕으로 대하다!
- 빌레몬서를 묵상하며

도망해 온 노예를 노예로 대접해도 괜찮은 대접일 텐데 낳은 아들이요 심복으로 까지 존중하며 가까이 둘 형제라고 고백하는 것은 당시의 문화나 사회상에서는 대단한 파격이요 충분히 혁명적인 것이다.

．
．
．

　　토지와 주택의 가격은 하늘 높은 줄 모르고 오르는데 사람의 가치는 자꾸만 내려가고 가벼워지는 것 같다.

　　사회와 문화의 흐름을 움직이는 거대한 시스템, 현실을 지배하는 가장 강력한 표상이자 힘을 가진 자본의 위력 앞에 사람이라고 하는 하나의 개체 존재는 지푸라기만도 못하게 축소되고 쉽게 가벼워진다. 이런 '참을 수 없는 존재의 가벼움' 속에서 현대인들은 누가 남이 억압하고 강요하지 않아도 스스로도 기계의 한 부품쯤으로 쉽게 자신을 포기하고 내려앉기를 좋아하고(?) 이렇게 쉽게 천박해진 개개인들은 너무나 자연스럽게 어떤 조직체계나 시장체제가 행사하는 비인격적 힘에 의해 수단화되는 연결고리들을 만들어 낸다.

한 마디로 오늘날의 사람이라고 하는 것은 값나가고 이름 있는 브랜드의 한 상품이요 물품은 커녕 조잡한 기계의 작은 미세부품만도 못하게 평가절하 되어 있는 것이다. 이런 저품격 문화가 만연되어 있는 세속사회에서 사람을 향한 인식과 믿음은 교회라고 해서 크게 구별되어 있는 것 같지는 않다. 영혼사랑이니 하나님의 형상이니 '사랑받기 위해 태어난 존재'이니 하면서도 한 사람의 그리스도인을 목적으로 대하기보다는 대개는 교회부흥의 어떤 수단이나 대상물로서 다루어지는 경향이 진하다.

정신의학적으로도 사람이 사람으로서 하나님의 지극하신 사랑의 대상이요 전인격적인 목적으로의 차원에서 투사되고 관계되지 않을 때 사람은 필연적으로 어떤 뭔가 중요한 알맹이가 빠진 것 같은 상처와 공허, 소외를 경험하게 된다. 그렇게 공허와 소외를 경험하게 되면 사람들은 어떤 다른 방식과 자극을 통해 그 공허에 대한 보상을 찾게 되는데 이런 소외에 대한 보상 심리기제들이 일면 교회안의 그리스도인들에게도 만연되어 있는 것을 볼 수 있다.

결국 교회도 사람을 사람으로서 전인격적으로 존중하고 귀중히 여기는 믿음에는 충분하게 성공하고 있지 못하고 있다는 것이다.

그런데 이것은 명백히 성경이 밝혀 주는 그림이 아니다.

필자는 지금 어떤 인본주의 철학이 말하는 얼치기 휴머니즘을 촌스럽게 재설하고 있는 것이 아니다. 바로 성경의 사도적 믿음을 주목하고 그 메시지를 말하고자 하는 것이다.

성경의 곳곳마다 특히 오늘의 빌레몬서를 보면 바울은 사람에 대하여 오늘날의 관점에서도 크게 참고할 가치 혁명적인 인간관계와 그 믿음을 발전시키고 있는 것을 볼 수 있다.

우리가 잘 알고 있는 바와 같이 빌레몬서 내용 중의 오네시모는 부자요 소아시아에서 유력한 그리스도인이었던 빌레몬의 노예였다. 그 노예였던 오네시모가 무슨 이유였는지는 모르지만 주인의 집을 불법으로 뛰쳐나왔고 여기 저기 돌아다니다가 어떻게 해서 바울이 연금 상태로 갇혀 있던 제국의 수도 로마로 흘러 들어왔고 거기서 바울을 만나 전도를 받고 그리스도인이 된다. 그렇게 해서 바울은 요즘 말로 하면 문제투성이인 불법 외국인 체류자요 노예였던 오네시모를 알게 되었고 또 알고 보니 그 오네시모의 옛 주인이 자신과 선교 사역 중에 깊은 인간관계를 나누고 있던 빌레몬이었던 것도 확인하게 된다. 어쨌든 어떤 경로를 통했던 이 노예 신분의 청년을 고난의 옥중에서 알게 되었던 바울은 기꺼이 오네시모를

"갇힌 중에서 낳은 아들"이라 불렀고(몬1:10)
"사랑받는 형제"로 대우할 것을 천명한다. (몬1:16)

도망해 온 노예를 노예로 대접해도 괜찮을 대접일 텐데 낳은 아들이요 심복으로 까지 존중하며 가까이 둘 형제라고 고백하는 것은 당시의 문화나 사회상에서는 대단한 파격이요 충분히 혁명적인 것이다.

그런데 이러한 한 인격에 대한 존중이 단지 의례적이고 수사적인 차원에서 얄팍하게 그치는 것이 아님은 그 다음에 나오는 바울의 행보가 분명하게 증명해 준다. 곧 그는 자신이 낳은 아들 '형제' 오네시모가 사회적으로 법률적으로 도망자의 혐의와 신분적 제약을 벗어날 수 있도록 구체적인 배려와 실천을 아끼지 않는다.

바울 자신도 잘 아는 옛 주인 빌레몬에게 간곡한 편지를 써 형제를 용서해 줄 것과 옛 주인의 동의하에 자신의 선교사역을 돕는 사역자로 세우는 것에 대한 승낙을 구하고 바울 자신을 대하듯 오네시모를 대해 달라는 절절한 요청. 그리고 오네시모가 끼친 경제적 손실에 대해서는 바울 자신의 돈으로 친히 변상하겠다는 의지까지 천명하면서 문제의 그 빌레몬서를 남긴다. 좋은 것이 좋은 것이라고 대충 은혜로 해도 될 터인데 굳이 꼭 그렇게까지 복잡한 절차까지 소화할 필요가 있었을까? 하지만 바울은 우리와 달랐다.

비록 한 사람의 재산에 불과한 도망자요 노예였을지라도 하나님 안에서 존귀한 형제라고 믿을 때 바울은 절절한 노력으로 최고의 절차와 격식, 왕을 대하듯 예의를 다해 신분과 환경의 혐의와 무거운 짐들을 벗겨 주고 있다.

이쯤 되면 이미 오늘날 우리들의 피상적이요 얇은 기술과 요령의 범주로 사람과 성도를 대하려는 우리의 게으름과 천박함은 정체를 드러내고 우리 안에 충만한(?) 편견과 오만은 몹시 위태로워진다. 어찌 대 사도 바울뿐이겠는가? 문둥이의 손을 잡고 축복하신 우리 주님! 개개인을 절대자 창조주의 영광이 깃든 당신의 형상으로 주목하시는 성부 하나님!---사도 바울의 혁혁한 선교의 성과(?)가 어찌 강한 은사와 권능 권세에만 연유했겠는가? 누구와 만나고 관계를 맺든 그 사람이 바로 예수님이다! 라고 하는 절절한 고백과 믿음을 사역의 베이직에 묵직하고 든든하게 피라미드의 밑변처럼 두었을 때 바울의 성공(?)은 이미 예정이 된 것이 아니었을까?

오늘 다시 대 사도의 한 편의 서신서를 읽으며 사람이 귀할수록 하나님은 더욱 하나님이 되시고 복음은 더욱 복음이 된다는 명제를 재음미해 본다.

반복의 힘

많은 지혜로운 사람들은 반복의 점진성이 가져다주는 엄청난 위력을 알고 자신의 삶의 진정성에 적용하기를 주저하지 않았다.

어린 아이가 걸음을 스스로 익혀 나가는 반복 과정을 어른이 배워 그 원리를 어떤 분야든 그대로 적용한다면 못 이룰 일이 없다고 장담한 사람은 〈아직도 가야 할 길〉을 쓴 미국의 저명한 정신과 의사 M.스캇 펙 이다.

휘청거리고 흐물렁 거리다가 철퍼덕 주저앉고 쓰러지고 마는 유아들이 또 일어서고 또 일어서기를 반복하는 가운데 결국은 관련 근육을 발달시켜 마침내 스스로 홀로서고 뛰어 다니게 되는 수준에 도달하는 것을 보면 스캇 펙의 통찰이 아니더라도 우리는 쉽게 반복의 경이를 경험할 수 있다. 이른 바 점진적 반복의 괴력인 것이다. 티끌모아 태산이라는 말이 있듯이 끊어진 개체로서의 하나는 문자 그대로 티끌에 불과하지만 긴 입체적 비전속의 티끌 하나는 그야말로 태산을 만들어 내는 큰 지반으로 그 의미는 대단하다. 곧 오늘의 작은 하나의 일관된 실천은 10년 후 20년 후 긴 미래의 힘 있는 변화와 직결 될 수 있는 꼭 챙겨야만 하는 소중한 보물인 것이다.

많은 지혜로운 사람들은 이러한 반복의 점진성이 가져다주는 엄청난 위력을 알고 자신의 삶의 진정성에 적용하기를 주저하지 않았다는 것을 우리는 알고 있다.

한국이 낳은 세계적 무용수인 독일 슈투트가르트 발레단의 수석 발레니나 강수진. 얼마 전 인터넷에 폭발적으로 유포된 적이 있는, 열 발가락이 굴절되고 붉어지고 이즈러진 채 괴물의 그것처럼 흉측하게 변형된 발 사진의 주인공이다.

평생에 걸친 하루 10시간 이상의 연습, 무용수들이 신는 신발인 토슈즈가 그녀의 발끝에서는 1년에 무려 250켤레나 닳아 없어진다. 연습, 연습, 그리고 또 연습. 그녀에게의 연습은 호흡 그 자체요 존재의 이유이다. 그렇게 구도자보다도 치열한 그의 몸짓의 반복은 결국 자신의 발레를 세계 최고의 품격으로 자연스럽게 밀어 올렸다. 일반적으로 세계 정상급의 피아니스트들이 하루 6시간 이상의 연습량을 기본적으로 소화해 낸다고 하는 것은 공통된 상식이다. 최고의 경쟁력 있는 소리에는 그만큼의 피와 땀을 묻어야만 하는 댓가가 필요한 것이다. 그 유명한 바이올리니스트 정경화씨도 자신의 실력에 대해 '나에게 천부적 재능이 있다면 그것은 0.3% 정도이고 나머지 99.7%는 오직 연습량에 있었다'고 말한 것도 그런 면을 진술한 것이라고 볼 수 있다.

지난 겨울, 이탈리아의 토리노 동계 올림픽에서 대량의 금메달을 목에 걸었던 우리나라의 쇼트트랙 선수들도 기본적으로 하루 10시간 이상의 연습을 반복했던 것을 우리는 알고 있다.

폭발물 같은 일순간의 위력으로는 도저히 설명할 수 없는 깊은 차원이 긴 시간 오래도록 발전된 반복에는 서늘하게 존재한다. 충분한 시간과 인내의 과정을 두고 조금씩 조금씩 쌓이고 응고되고 농축된 반복의 축적에는 영혼을 울리고 깊은 감격을 뼛속 깊이 길어내는 전인적 힘이 고이기 마련이다.

그 과정에 한방에 끝내는 요령이라든가 건너뛰기란 것은 끼어들 여지가 없다. 충분한 시간과 인내, 대가의 땀을 신뢰하는 오랜 시간 가운데 투사되는 힘은 전인적으로 통합되고 그 정결한 시간 속에 인격은 자연스럽게 높은 순도로 정제되고 그렇게 정제되는 내면의 감격 속에 구도자는 스스로까지도 치유하는 자기 확신을 만들어 낸다. 이 모두가 반복이 만들어 내는 위력인 것이다.

그러니 정신과 의사가 반복의 마술(?)을 장담 할만도 하다.

그런데 이런 반복의 축복을 경험하는 데에는 두 가지 조건이 필요하다. 이 조건이 반복으로 엄청난 성장을 경험하느냐 아니면 다듬어 지지 못한 보석으로 남느냐의 양자가 결정되는데, 그 조건의 첫째는 비전이다. 삶과 시간을 하나의 통합된 힘이요 일관된 체계로 조망할 수 있는 정신적 능력이 그 첫째이고 두 번째는 그토록 긴 시간을 일관되게 실천을 거듭할 수 있게 하는 삶의 충분한 동기와 동력이 그것이다.

수많은 사람들이 자신의 삶을 상승시키고자 시간과 의지를 불태우지만 자기 삶에의 비전과 건강한 동기를 해석해 내지 못하고 동물적인 욕망의 차원이나 어떤 심리적 기제에 의한 집착의 수준으로 퇴행하여 사랑의 차원이 아닌 삶을 살거나 결국은 도중에 게을러져 메마른 쳇바퀴만 되풀이 하다가 포기하게 되는 것을 보면 이런 삶에의 확신과 믿음이 얼마나 위대한 축복인가를 새삼 알게 된다.

그리고 보면 이러한 반복의 힘을 최고로 경험할 수 있는 부류는 우리 그리스도인들이라고 할 수 있다. 우리 그리스도인이야말로 최고의 내적 질서를 믿는 가운데 삶을 생명과 감각으로 통합할 수 있고 끊임없는 삶의 신성한 동기를 길어 낼 수 있는 특별한 존재들이 아닌가? 삶에의 질서와 입체적인 조망은 신앙인의 내면에서 가장 건강한 형태로 잘 나타난다고 하는 것은 일반 심리학자들도 공감하고 오래전에 밝혀 낸 사실들이다.

한 방울의 물은 아무런 힘이 없이 나약하지만 오랜 시간 반복으로 투사될 때 바위도 뚫는 법이다. 우리도 오늘도 내일도 위로부터의 은혜를 믿는 가운데 선한 습관을 멈추지 않고 규칙적으로 반복한다면 왕의 변화를 맛보게 될 것이다.

사랑의
사회적 차원

하나님의 말씀이 선포하는 '사랑'은 사회과학적으로도 엄청난 의미를 지닌다. 이 사랑의 완충공간이 얼마나 아름답고 자연스럽게 확보되느냐에 따라 나라가 무너지기도 하고 세워지기도 하는 것이다.

언젠가 신문에서 과연 그런 일이 일어날 수 있는가? 하는 의구심이 들 정도의 놀라운 기사들을 본 적이 있다.

우리나라의 주요 문제가 되고 있는 이른바 소위 양극화에 관한 기사였다.

강남의 어떤 지역에 한 초등학교가 도저히 강남이라는 특수 과열지역(?)에서는 상상조차 하지 못할 초유의 미달사태가 발생해 주위를 놀라게 했는데 기자들이 그 내막을 알아보니 그럴만한 이유(?)가 있었다는 것이다.

어떤 아파트이건 일정 비율 저소득층을 위한 임대 아파트를 의무적으로 배려하게 되어 있는 정부시책에 따라 그 지역에도 임대아파트가 들어섰는데 바로 그 임대아파트가 문제였던 것이다.

수준 높은 최고 학군의 부자 동네 학교에 가난한 임대아파트의 자녀들이 섞여 들어오자 기존의 부유층들이 내어 놓고 항의는 못하고 하나 둘씩 자신의 자녀들을 이웃 학교로 전학을 시키면서 일이 불거진 것이다.

곧 전학 분위기는 확산되었고 거의 모든 부유층 자녀들이 그런 형식으로 빠져 나가 결국 그 학교는 저소득층의 자녀들만 남게 되어 미달사태에 이르게 되었다는 것이다.

이런 류의 기사는 사실 우리에게는 낯선 것이 아니다.

어떤 지역이건 장애우 시설이나 복지시설이 들어설라치면 어김없이 지역주민들과의 마찰, 시위, 몸싸움, 거친 배척을 각오해야 한다. 아파트 평수에 따라 어린 아이들의 교제권이 구별되고 임대 아파트구역은 차별의 높은 시멘트 담장에 우겨 쌈을 당해야 하는 것도 우리의 엄연한 현실이다. 이른바 우리 사회의 골칫거리로 대두된 빈부의 격차와 거친 갈등과 배척의 문화인 것이다.

그런데 이런 사회적 갈등이 치유되지 않고 그대로 심화된다면 문제가 심각해진다는 것이 문제이다.

이제 우리 사회도 비교적 이러한 사실을 잘 깨닫고 노력하고 있지만 큰 진전은 아직도 보이지 않는다

아파트가 돈이 된다는 신화적 믿음에 과열이 생기고 통제가

되지 않는다면 반드시 부동산 경제에는 거품이 발생하고 그 거품이 '픽' 하고 꺼지는 날에는 전체 경제에 치명적인 혼란과 타격이 생긴다.

계층 간, 노동자와 사용자의 사이, 기업과 시장의 사이에 신뢰의 금이 깨어지고 균열이 발전하게 되면 여러 비생산적인 갈등들이 표출하게 되고 그 사회적 갈등을 신뢰할만한 수준으로 해소하는 데에는 또 엄청난 비용과 대가를 퍼 부어야 한다. 불신과 배척, 이런 악순환이 반복된다면 그 사회는 앞으로나 위로 나아가는 창조적인 힘을 확보하지 못하고 제 자리에서 만성적으로 맴돌거나 퇴행하고 만다.

한 때 잘 나가던 남미의 몇 나라가 겪었던 문제도 바로 이 문제였음을 우리는 알고 있다.

이런 이해의 역학관계에서 계산해 본다면 그러므로 계층 간 서로 배려하고 신뢰할 수 있는 성숙한 문화나 실천들은 실로 엄청난 사회적 위력을 지닌다.

사회와 경제가 어느 정도 자본이 축적되고 궤도에 진입하게 되면 그 다음에는 반드시 몸집이 커진 덩치를 해석하고 설명할만한 윤리와 성숙한 덕목이 요구되기 마련이다. 그러므로 이러한 경제의 발전과정에서 어떤 사회이든지 관계 문화를 얼마나 건강하게 함께 녹여 낼 수 있느냐에 따라 그 공동체의 미래는 결정이 된다.

이런 좌표에 의미를 얻는 것이 바로 윤리와 문화의 차원이며 이 가공할만한 무형의 자산들에 대하여 경제학자들은 그러므로 '사회적 자본'이라는 명칭을 부여하기를 주저하지 않는다. 곧 어떤 시점의 관계에서는 눈에 보이게 현실을 지배하는 자원이나 화폐보다도 가치관이나 사고력이 더 큰 위력을 지니는 것이다.

이런 관점에서도 이해해 보면 하나님의 말씀이 선포하는 '사랑'은 사회과학적으로도 엄청난 의미를 지닌다. 이 사랑의 완충공간이 얼마나 아름답고 자연스럽게 확보되느냐에 따라 나라가 무너지기도 하고 세워지기도 하는 것이다.

우리가 잘 아는 대로 이미 구약의 모세 율법에는 사회적 취약 층들에 대한 다면적인 관심과 배려들이 확실히 명시되어 있다. 십일조의 기능이 그러한 예이며 토지법의 희년정신도 따지고 보면 결국은 계층 간의 차이와 갈등을 줄여 주는 기능 점에 운위되고 있는 것을 알 수 있다.

바로 이것이 사랑인 것이다.

오늘날의 관점에서도 성경의 이러한 사랑의 장치들은 놀랄 만큼 선진적인 것으로 처음부터 성경은 이 사회적 자본, 즉 사랑의 괴력(?)을 알고 있었던 것이다. 그것도 계층 간 사람사이에 누구나 부담 없이 실천할 수 있도록 신앙의 규례와 법으로 삶의 가운데로 녹여 놓았으니 사랑이신 하나님의 성품은 이로써도 증명이 된다고 할 수 있다.

곧 하나님이 살아 계시는 사회는 계층 간, 사람과 사람 사이에 상호 존중하는 가운데 배려와 신뢰로 내구력이 강한 사회요 생명력으로 아름다운 개인이 살아 역사하는 가장 건강한 사랑의 공동체인 것이다.

　　이렇게 본다면 사랑은 처음부터 사회적 차원을 지닌다고 해도 좋을 것이다.

　　하나님은 사랑이시다!

삶으로
녹아난 전인적 신앙

전인적 신앙이란 신앙이 삶에 삶이 신앙에 한 몸으로 투사되어
삶이 스스로 인격적으로 성숙되고 성장, 삶의 질과 경쟁력까지
유쾌한 속도로 높여 주는 통전적 삶.

언젠가 대학에서 심리학을 전공한 명민하고 당찬 미모의 인기 여가수가 이런 말을 했던 것을 필자는 인상 깊게 기억하고 있다.
"그룹 활동 중에도 제 개인의 내면에 켜켜히 쌓이는 것이 무언가가 있어요! 그렇게 우물물처럼 깊게 차오르는 그 무엇이 짙어 질 때 자연스럽게 그룹과는 별개로 제 개인 앨범을 내지요. 그것은 제 색깔과 개성이 흥건하게 배인 저만의 노래입니다. 그렇게 토해내고 나면 얼마나 행복한지 몰라요. 저는 음악을 만들고 노래하면서 제 자신이 순화되고 치유되는 것을 느껴요---" 가수가 노래를 하면서 자신이 스스로 치유되는 것을 경험한다? 필자는 그 때 그 여가수의 진술을 신문기사 문화면에서 읽으면서 한동안 꽤 오래 충격을 받았고 그 충격으로 많은 것을 다시 생각하게 되었던 것을 고백할 수 있다.

자신의 직업 활동으로 자신이 스스로 치유되는 것을 경험한다?

연예인, 그것도 대중가수라면 흔히 경건과는 거리가 멀고 세속적이고 일면 천박한 '딴따라' 영역에 속한 부류라고 생각해 오던 것이 일반적인 편견(?)인데 그 딴따라 가수가 적어도 삶의 내용면에서는 내 마음을 쿵! 하고 울리는 거룩한(?) 충격과 도전을 주는 고백을 던졌으니--- 벌써 그 자체가 충격이었던 것이다.

우리 그리스도인들의 신앙과 삶은 숲 속의 새가 노래를 하듯 속이 자연스럽고 그 신앙은 일상을 순화시키고 자신의 믿음은 스스로의 삶을 치유하는 그런 전인격적인 힘으로 기능되고 있는가? 예수 믿는 것이 곧 삶이요 음악이며 노래이며 춤이며 삶의 건강한 동기가 되고 있는가? 기분 좋고 유쾌한 속도와 방향으로 삶이 높은 순도의 경쟁력으로 아름답게 발전되고 있는가? 곧바로 필자는 그 충격의 자극에서 이런 거대질문들 속으로 밀려들었고 고민의 숲속으로 빠져 들어 갔다.

E. 프롬은 '건강한 인간'을 정의하면서 주체적인 자신을 인격적으로 확립하면서도 자신을 이웃과 사회를 유기적 관계로 통합해 낼 줄 알고 자신에게 주어진 시간과 환경을 최고의 기회로 인식하고 생산적으로 소화해 낼 줄 아는 사람으로 정리하고 있는데 우리 그리스도인의 삶은 이 세속적 심리학자가 말하는 일반적 건강성 기준에는 또 어느 정도 부합하고 있는가?

곧 살아 있다고 하는 것은 일면 생산성이요 창조적인 성격을 띠는데 그 생명의 경쟁력의 차원을 자신의 삶에서 아름답게 잘 소화되고 있는 모범이 당연히 우리 신앙인의 모습에서 편하게 배어나야 하는데 교회의 극점에 서 있는 세속의 무대 가수의 태도와 가치관에서 오히려 서늘한 깊이로 녹아나고 있는 것을 보았으니 아무리 목사라도 충격을 먹을 수밖에 없었던 것이다.

어쨌든 그 뒤로 필자는 삶의 경쟁력으로서의 신앙을 고민해 보기 시작했던 것을 기억한다.

전인적 신앙이란 신앙이 삶에 삶이 신앙에 한 몸으로 투사되어 삶이 스스로 인격적으로 성숙되고 성장, 삶의 질과 경쟁력까지 유쾌한 속도로 높여 주는 통전적 삶으로 필자는 이해하고 있다.

곧 우리가 세상을 이긴다는 그리스도의 고백으로 믿음과 신앙을 가졌다면 그 신앙은 해당 그리스도인의 내면을 재창조하고 그 재창조의 역동적 능력으로 결국은 삶의 전 영역을 변화시켜 개체 고유의 의미에서 최고의 인간으로 성숙, 성장하도록 역사한다. 바로 이것이 삶의 변화를 말하는 성경의 말씀하고자 하는 목적이요 본뜻이 아닌가?

그렇게 성장된 사람의 영향력은 한편, 개체적 의미를 넘어 자연스럽게 빛과 소금으로 사회적 차원으로 까지 확대, 세속으로부터도 신뢰를 얻게 하는데. 이런 살아있는 신앙의 전인적 경쟁력의 형식으로 교회는 다음 세대의 부흥과 건강을 보장받는다.

이렇게 보더라도 음악이 한 여가수의 내면에서 편하고 자연스럽게 소화되듯 우리의 머리와 가슴의 신앙도 삶에서 기분 좋은 깊이의 경쟁력으로 소화되어 내면화 되어야 하지 않을까? 머리는 열기가 가득하고 가슴은 미어터질 것 같은 새벽무릎 불기둥 신앙인데 삶을 살아가는 방식이나 태도, 가치관은 교회 밖의 사람들과 조금도 다른 것이 없다? 좀 다른 것이 있다면 단지 예수 믿고 천국 갈 수 있다는 확신, 생동감 정도일 뿐이라면---? 확실히 실망스럽고 무엇인가 부족하다.

이미 사회는 교회로부터 등을 돌린 지 오래인 것을 우리는 무겁게 알고 있다.

이미 세상은 교회가 새로운 미래에 대한 대안과 비전, 이정표를 제시해 주지 못했던 것을 알고 있고 교회가 믿는 자의 가치관을 변환시키는데 철저하게 실패했던 과오를 예민하게 알고 있다. 그런 인식으로 닫힌 마음의 문을 굳게 걸어 잠근 지 오래인 것이다.

이 혼란에 빠진 미궁의 실마리는 어디에 있는가?

기독교 고유의 포인트로 돌아가는 수밖에 없다. 한 사람 한 사람, 개인의 체험과 적극적 변화에 주목했던 기독교 특유의 기본 좌표로---! 필자는 그렇게 믿는다.

나의 신앙은 내 삶을 스스로 치유할 정도의 자기 확신과 감격으로 녹아나 있는가? 부끄럽지만 특히 요즘은 그 여가수의 삶의 고백이 자꾸 생각난다.

part 2

06 · 내적 그릇을 채워라

07 · 영혼의 본성 짜기

08 · 릭 워렌 목사의 언어가 설득력을 얻는 것은

09 · 개혁의 핵심—관성의 법칙

10 · 다이돌핀이 주는 지혜

다이돌핀이
주는 **지혜**

내적 그릇을 채워라!

탁월한 영성과 능력으로 사역과 교회를 증진시키며 신뢰와 존경을 한 몸에 받던 강단의 스타가 한 순간에 무너지고 촉망받던 유망주들이 치명적인 스캔들로 허망하게 도중하차하는 것을 우리는 종종 본다.

몇 년 전에 은혜와 감격이 강물처럼 기름지던 CCM을 만들고 빛나게 부르던 한 유명한 찬양사역자가 불미스러운 스캔들로 물의를 일으키고 도중하차한 사실이 있었다.

이름만 대면 금방 알 수 있는 그 유망하던 사역자는 오랫동안 절제되지 못한 비정상적인 성생활을 지속해 왔었는데 인내하며 지켜보던 그의 부인이 중압감을 견디지 못하고 가정 밖으로 발설하므로 세상에 알려지게 되었다. 그때 그의 찬양에 영적 부흥을 경험하고 그의 영성과 음악을 오랫동안 존경하고 사랑하던 수많은 팬들은 충격을 먹었고 경악했으며 한 동안 심리적 공황상태에 빠지기도 했었다.

부인의 진술에 의하면 그는 어떤 큰 음악작업이나 공연을 치르고 났을 때 거의 규칙적으로 자신의 사무실에서 자신이 만든 찬양을 배경음악처럼 틀어 놓고 음란한 행동을 했고 가정의 테두리를 벗어나 많은 여성들과 비정상적인 관계를 발전시켜 주변의 사람들을 혼란에 빠뜨렸다. 부인이 공식적으로 세상에 터뜨리기 전에 이미 그에 관한 많은 의혹들이 그가 이끄는 음악 팀 내외에서 밝혀지고 터진 전력들이 있었던 것도 나중에 알려 졌다.

한 동안 대형교회들의 자유게시판에는 그에 대한 비난과 혼란들이 제기되었고 그가 만들었던 주옥같은 수많은 CCM들이 과연 하나님으로 부터 말미암은 것인지 믿을 수 없다는 의혹들로 일대 홍역을 치루었던 것을 필자는 기억한다.

그토록 신실하고 깨끗한 은혜의 선으로 마음을 흔들고 폐부를 찌르던 CCM 음악가, 그는 왜 그렇게 천사와 악마의 야누스의 얼굴로 사람들을 경악하게 했을까?

감격과 은혜, 고 순도의 깨끗한 영성이 묻어나는 빼어난 가사들, 이슬과 같은 청량감 있는 찬양 곡들을 길어내고 생산해 내던 감격의 생수공장이었던 그가 어떻게 그렇게 마귀의 형상과도 같은 그런 행실로 그를 아끼고 사랑하던 수많은 사람들의 뒤통수를 치게 되었을까?

그런데 좀 조심스러운 부분이지만 무대(?)는 달라도 그와 비슷한 이야기는 교회에도 교계에도 심심치 않게 존재한다는 것을 우리는 알고 있다.

탁월한 영성과 능력으로 사역과 교회를 증진시키며 신뢰와 존경을 한 몸에 받던 강단의 스타가 한 순간에 무너지고 촉망받던 유망주들이 치명적인 스캔들로 허망하게 도중하차하는 것을 우리는 종종 본다.

　　흔히 우리가 미국의 위대한 대중가수 휘트니 휴스턴의 경우처럼 무대 위의 대형 스타가 여러 양상의 부담과 자신의 삶의 무게를 견디지 못하고 약물이나 어떤 중독에 빠져 나락으로 떨어지는 것을 보곤 하지만 비슷한 심리기제적 양상이 하나님을 찬양하는 무대에도 말씀을 선포하는 강단에도 일면 나타나고 있는 것에는 우리가 별로 주목하지 않는다.

　　어떤 저명한 심리학자가 이런 말을 했던 것을 필자는 기억하고 있다. "쾌락과 말초적 흥분은 절정을 넘어서면 비애의 감정을 남긴다. 흥분은 맛보았지만 그릇은 채워지지 않았기 때문이다. 내적 힘은 성장하지 못했기 때문이다.--- 승리의 순간 그는 목표에 이르렀다고 여겼지만 아무런 내면적 변화도 성취하지 못했으므로 그 승리에는 깊은 좌절이 뒤따른다."

　　사람이 강단이든 무대이든 삶의 추구방향을 균형이 어긋나도록 어떤 외적 성취의 차원으로 투사될 때 필연적으로 사람은 권력지향이나 힘에의 의지를 경험하고 그 힘을 발전시키고 그 힘에 몰입될 수 있다.

　　그런 외적인 힘의 확대는 강단이라 할지라도 일면 권력을 추구하고 어떤 인기나 명예를 추구할 수도 있게 되는데 이 심리기제는 가요무대이든 강단이든 성과 속이 따로 없이 사람의 삶에는 어떤 영역이든 보편적으로 나타나는 인간의 본성이다.

그런데 이런 외적인 영광의 추구에서 어떤 만족할만한 성취나 그에 필적하는 어떤 흥분을 경험하지 못할 때에는 문제가 안 되는데 어떤 성취를 경험할 때는 문제가 될 수 있다는 것이다. 곧 영광 뒤에 후폭풍으로 따라오는 공허의 문제가 바로 그것이다.

폭포수처럼 쏟아지는 뜨겁고 짜릿한 감동과 은혜, 권능을 경험했다면 그 은혜의 매개자 자신도 분별력이 없이 미숙할 때에는 일면 자신의 자아 확대와 성취감을 묻어서 동일시로 경험하게 되고 그렇게 경험된 성취의 짜릿함 뒤에 공허의 어떤 공황상태를 경험할 수 있다는 것이다.

영광과 공허, 성취와 허무의 빈 공간, 그 간격에서 당사자는 어떤 심리적 무중력 상태에 떨어 질수 있고 그 공황을 메꾸는 내용으로 대개는 인격적이고 생산적인 차원보다는 사람들은 파괴적이고 비인격적인 자극을 찾게 된다. 이런 심리는 원죄의 속성을 가지고 있는 사람들의 일반적인 특성인데 이 특성은 성직자라고 해서 비껴가지는 않는다.

대중 앞에 서는 사람은 바로 여기가 가장 위험한 자리라고 할 수 있는데 이 위험한 무방비의 노출상태에서 그 갭을 채울만한 내적 힘을 발전시키지 못한 사람들은 그러므로 쉽게 유혹에 무너지고 습관적인 어떤 파괴적 정서나 행동을 일삼게 되는 것이다.

안타깝게도 그 유망하던 청년 찬양사역자는 바로 이 공허의 포인트에서 무너져 내린 것이 아닌가 하는 추측을 해 본다. 곧 노래의 영광에 취해 자신도 모르게 길을 잃어버린 것이다.

흔히 우리가 순진하게도 신앙의 이름으로 하나님의 이름이라면 모든 것이 다 좋고 건강하고 절대적인 차원이라고 믿고 안심해 버리는 경향이 있지만 사실은 뱀처럼 지혜로울 필요가 있다.

그 유망하던 청년이 보여 주듯 하나님이나 말씀, 신앙 그 자체는 절대적인 것이지만 그것을 운위하는 사람 자체는 권력욕에서 완전하지 못하고 집착이나 어떤 심리적 기제에서 온전하지가 못하다.

우리가 어떻게 나와 자신을, 사람을 쉽게 믿을 수 있겠는가?

영혼의 본성짜기

얼마 전 이화여대 학생들에게 가장 피하고 싶은 시어머니상은 어떤 유형의 사람인가? 하는 설문조사에서 1위가 예수 잘 믿는 권사 시어머니 이었다고 하는 기사를 읽어 본적이 있다.

의외로 신앙이 좋다는 사람들과 관계를 맺고 사역을 하다보면 당혹스러울 때가 종종 있다. 성경을 천 독이니 만 독 쯤 했고 입 끝에는 '성령충만' '말씀'이라는 용어들을 달고 다니지만 그중의 어떤 분들은 '아니올시다!' 라는 탄식이 절로 나오게 하는 분들도 있다.

심리적 미숙함, 상처, 훼손된 균형의 이면, 그 건강하지 못한 빈궁한 스스로의 심리기제에 대한 자기 은폐나 방어---이런 동기로도 사람들은 얼마든지 신앙에 집착하고 몰입 몰이성적이 된다.

그리고 그런 어떤 집착적 태도에서 사람들은 쉽게 사고가 이분법으로 발전하기도 하고 자신이 고집하는 신앙사고의 틀 이

외에는 어떤 공간이나 국면도 잘 인정하지 않으려는 폐쇄적 경향을 보이기도 한다.

또 믿음의 차원을 너무 평면적으로 이해하고 받아들이는 경우 충분히 건강하게 보장 되어야 하는 정상적인 발전이나 성숙과정에 대해 여유가 없고 조급함을 보이기도 하고 대나무의 마디처럼 꼭 필요한 부분에서도 쉽게 건너뛰기로 넘어가 스스로 기본기가 부족한 화를 자초하기도 한다.

거기에다 '절대의' 라고 하는 신앙의 절대관점이 시도 때도 없이 미숙하게 급 직선으로 투사되는 경우 쉽게 신앙의 열정은 닫힌 차원으로 갇히고 폐쇄적 순수를 고집하는 반문화적 태도를 보이기도 한다.

이렇게 신앙의 전인격적인 차원을 어떤 특정의 단선개념에 고착 가두어두고 구호와 표상의 언어에만 매몰되게 되면 신앙이 삶으로 소화되고 행복하고 풍성하고 건강한 내면으로 생산적으로 재창조되는 것은 기대하기 힘들다.

얼마 전 이화여대 학생들에게 가장 피하고 싶은 시어머니상은 어떤 유형의 사람인가? 하는 설문조사에서 1위가 예수 잘 믿는 권사 시어머니 이었다고 하는 기사를 읽어 본적이 있다. 이런 반응의 결과가 일면 우리의 교회 문화에 만연되어 있는 단선적인 신앙사고의 문화와 관련이 있지는 않은가? 하는 생각을 해본다.

신앙의 세상을 이기는 초월적 감동과 힘을 그리스도인의 성품의 변화나 인격의 변환, 영적이고 전인적인 성장에 투사되지 않고 세상을 넓히고 세속을 지배하는 어떤 힘과 권세의 욕구나 추구로 휘어질 때 이렇게 신앙은 신앙의 이름으로도 쉽게 변형되고 굴절되어 버리기도 하는 것이다.

필자는 목사로서 많은 사람들과 사귀고 상담을 하면서 신앙을 말할 때 이런 흐름에서 빙산의 일각이라는 형상을 떠 올리곤 한다. 95% 정도의 거의 대부분의 거대 몸통은 수면아래 숨겨져 있고 나머지 5%정도의 뾰족한 부분만이 수면위에 드러나 있는 빙산의 모습을.

우리의 겉으로 표현되고 드러나는 삶과 신앙은 수면 위의 5%에 불과하고 우리의 영혼의 대부분의 모습은 수면 하에 잠겨있다. 우리의 신앙과 삶을 설명하고 형성하는 원인은 수면아래에 묻혀 있어서 사람들은 그것을 잘 알지 못하고 느끼지 못하고 보지 못한다.

병원에서 제대로 된 전문의는 항상 질병을 치료할 때 근본원인으로 부터 분석하고 그 본성으로부터 해결을 시도하는 것을 우리는 잘 알고 있다.

그렇다면 교회에서 사람의 문제, 신앙의 문제를 다룰 때에도 항상 더 근본적인 문제 곧 영혼의 본성으로 부터 접근해야 하지 않을까?

통성기도의 음량이 크고 눈에 눈물을 뜨겁게 잘 쏟는다고 은혜를 많이 받은 신앙이 좋은 사람이라고 단정적으로 믿을 수는 없는 것이 아닌가? 성경이 닳아 없어지도록 다독하고 거대의 몫을 헌금한다고 해서 훌륭한 그리스도인이라고 쉽게 단정지을 수는 없는 것이 아닌가?

오늘날 선교를 말할 때 예배와 말씀의 선포위주의 전통적인 방식에서 최근 멘토링의 개념을 도입 보다 전인적인 접근을 하는 경향을 보이는 것은 그러므로 다행하고 좋은 일이다.

항시 시대의 흐름과 상관없이 사람을 세우고 유능한 그리스도인, 건강하고 생명력 있는 한 개인을 세우는 것이 우리 교회의 최대과제였다면 오늘도 우리는 시대가 어두울수록 더욱 사람을 이해하는 눈과 비전을 길러야 할 것이다.

영혼의 본성 짜기! 이것이야말로 신앙의 지름길이요 생명력 있는 기독교의 바로미터임을 필자는 오늘도 굳게 믿는다.

릭 워렌의 언어가
설득력을 얻는 것은

릭 워렌이 일관되게 주장하는 것은 '소명' 즉 목적이 깨달아지고 일깨워져야 한다는 전인적인 의미에서의 '목적'이 건강한 신앙과 삶이다.

●
●
●

　　칼빈의 신학과 그 후예들이 주류를 이루고 있는 한국 교회가 얼마 전 신 복음주의자로 분류되는 미국의 릭 워렌 목사를 전격적으로 초청 대대적인 집회를 개최했다.

　　여의도순복음교회에서는 연이어 릭 워렌 목사에게 교회성장 세미나를 인도하게 했는데 그 세미나에는 교파를 초월하여 2만 명의 목회자가 몰려 와 대 성황을 이루었다.

　　이미 잘 알려 진 그의 말과 저술들, 행동들은 여러 모로 깊은 침체의 늪에 빠져 있는 한국의 목회자들에게 깊은 인상을 주었고 새로운 목표와 가치관의 변화를 절실하게 필요로 하는 우리 교계는 그의 이번 방한으로 제법 심대한 도전과 자극을 경험한 것으로 정리되고 있다.

이미 교회의 영역을 넘어 미국 사회와 세계에 깊은 영향력을 끼치고 있는 그의 비중을 생각한다면 대통령이 그를 초청하여 대화를 나눈 것이나 공영방송인 KBS가 그와의 대담 프로그램을 방영한 것은 어찌 보면 당연한 것이다.

이제 다시 그의 책들과 테잎들은 불티나게 팔려 나가고 있다고 한다.

1970년대에 한국 교회가 제 2의 부흥기를 열고자 세계적인 복음전도자 빌리 그래함을 초청했을 때 그 때 깐깐한 장로교 OO측은 강사가 신 복음주의자라는 이유로 참가를 거부했지만 이번 릭 워렌의 방한에는 OO측도 이의 없이 동의를 했고 동의를 넘어 오히려 그의 방한에 적극적으로 협력하는 모습을 보였다. 모처럼 전 교계가 일치하여 그의 가치와 영향력에 공감을 한 것이다.

그가 이번 방한에 던지고 간 화두가 있다면 그것은 단연 '목적'과 '건강'이다.

'목적'은 이미 세계적인 베스트셀러로 화제가 된 〈목적이 이끄는 삶〉 이후로 지속적으로 그가 강조해 온 그의 중심언어이고 '건강'은 이미 독일의 하웃츠 바르트를 위시한 NCD 계열의 운동에서 줄곧 강조되어 교회성장학에 널리 적용되어 오던 주제이다.

우리가 다 알고 있고 익히 들어오던 상투적인 언어들이고 그런 면에서 사실상 그의 주장들은 전혀 새로울 것이 없는 것들이다.

그가 강조하고 있는 '목적'이란 것도 우리가 흔히 알고 있는 신앙의 주요 주제 가운데 하나인 소명을 자신의 언어로 살짝 바꾸어 말하고 있는 것에 지나지 않는 것을 간파한다면 문자 그대로 그의 설명은 진짜로 묵은 언어와 정보일 뿐이다.

그런데 그의 언어와 도전이 이토록 큰 울림과 자극으로 다가오는 것은 왜일까?

어떻게 보면 우리 한국 교회의 결정적인 전환점으로 경험되어도 좋을 좌표를 던지고 가는 것으로 평가되고 그렇게 기대되고 있는 것은 무슨 이유에서일까?

필자가 생각하기로는 우선 릭 워렌은 자신의 철저한 실천과 그로 인한 남다른 모범으로 글과 언어에 깊은 설득력이 있다.

잘 알려진 대로 그는 이미 교회로부터 사례를 받지 않고 있으며 자신의 책들로 인한 엄청난 수입의 대부분을 남을 위해 쓰고 있으며 남다른 인식과 열정으로 사회적 그늘에 관심과 애정을 쏟고 있다

그리고 깨끗한 깊이의 내공으로 잘 축적되고 응고 되어진 그의 삶과 사역이 한데 어우러져 그의 글들도 깊은 공명을 뿜어낸다.

그 축적된 자연적인 권위로 우선 그의 언어가 대단한 파괴력(?)을 지니고 있는 것이 사실이지만 필자는 그의 설득력을 우리 한국교회의 상황에 연결시켜 생각하고 싶다.

그만큼 한국 교회가 그의 언어에 열광할 수밖에 없을 정도로 길을 잃고 방황하고 있다는 반증이 된다는 것이다.

적어도 한국 교회는 릭 워렌이 던져 준 화두에서 자기 확신이 치명적으로 부족한 조악한 자화상을 볼 수가 있었고 통성기도로 대표되는 다이나믹한 영성 한 가지 외에는 내세울 것이 전혀 없는 빈궁한 내면을 확인할 수 있게 된다.

이런 단선적이고 건조한 내용으로는 교회와 사회에 생동감 있게 살아가게 하는 감정적인 차원 외에는 할 수 있는 일이 거의 없다고 필자는 믿는다.

선교 100년에 이런 단선적인 내용을 발전시켜 왔고 이 내용으로 다변화된 현대사회에서 현재와 미래를 더 이상 해석해 내지 못하고 벽에 부딪혀 당혹스러워 하는 모습을 보이는 것은 어찌 보면 정직한 귀결이라고 할 것이다.

릭 워렌이 일관되게 주장하는 것은 '소명' 즉 목적이 깨달아지고 일깨워져야 한다는 전인적인 의미에서의 '목적'이 건강한 신앙과 삶이다.

우리가 소명을 말할 때 사명이니 주의 종이니 하는 단선적인 구호나 협착된 특수 언어를 넘어 일상의 발견, 한 사람의 개인으로서의 전인격적인 확신과 감격의 지반이 먼저 경험되어져야 하는데 그 감격의 지반으로서의 소명을 이름이다. 이러한 전인격적인 지반에 기초할 때 인간은 건강한 자기 확신을 경험할 수 있고 그 생명력에서 삶의 동기는 인격적인 깊이로 성장하며 꽃을 피우고 결실하게 된다.

　신앙의 삶에서 신앙으로 인하여 억압당하거나 눌리고 쫓기는 삶이 아니라 신뢰되고 맡겨지는 힘 있고 풍성한 웰빙의 신앙이 가능해 지려면 무엇보다도 이 '목적' 즉 '소명'의 문제가 보다 근본적으로 해결되어야 하는데, 이 문제의 건강한 기초의 여하에 따라 신앙의 질과 깊이가 결정되는 것이다. 이것이 릭 워렌이 애써 성장보다는 '목적'을 말하고 건강을 말하고자 하는 근본 이유이며 뜻이다.

　곧 유쾌한 정신건강과 스스로의 치유되는 삶의 경쟁력으로까지 확대 심화되는 차원으로의 신앙을 말하는 것인데 이런 면이 특별히 부족한 우리 한국 교회의 신앙 문화에서는 충격적인 도전으로 들려오는 것이다.

　이런 기초 인식과 방향성에 대한 가치의 부재가 조악한 우리의 현주소가 그에게 열광하게 하는 요인으로 작용하는 것이다.

　어쨌든 얼마 전 릭 워렌은 한국을 다녀갔고 우리는 더욱 건강해져야 한다는 묵은 숙제 앞에서 여전히 고민하고 있다.

개혁의 핵심
– 관성의 법칙

힘을 확장시키려는 이 무서운 의지의 법칙, 이것을 거스릴 수 있는 것이야 말로 신앙이요 이 힘에의 의지마저 창조적으로 변환, 선용하는 것이 믿음의 능력이라면 이제 우리는 이 관성의 마력까지 극복할 수 있는 안목을 우리의 비전에서 중요하게 포함시킬 필요가 있다.

　

언젠가 교계에서 대형교회들의 버스운행이 문제가 된 적이 있었다.

해당지역 신자들의 싹쓸이(?)는 기본이고 먼 지역 변두리, 이 끝과 저 끝의 그리스도인들도 길목에서 대형교회들이 버스로 훑어 가버리니 지역의 영세한 규모의 작은 교회들은 안 그래도 어려운데 이래저래 생존이 위태로워지는 처지가 가속화된다는 것이다.

결국은 대형 백화점의 영향권 안에 붙어 있는 구멍가게와 같은 이치로 빈익빈 부익부 대형 교회는 점점 힘이 불어나고 영세한 교회는 갈수록 오그라들게 되는데 이에 대한 하나의 대책으로 대형버스의 운행 문제가 거론되었던 것이다.

모든 물체는 자기의 상태를 그대로 유지하려는 의지와 힘을 발전시키는데 이것을 우리는 흔히 관성의 법칙이라고 한다.

뉴튼이 처음으로 설명한 이 법칙에 따르면 정지한 물체는 영원히 정지한 채로 있으려고 하고 운동하던 물체는 등속 직선운동을 계속 하려고 한다. 달리던 자동차가 급정거하면 차안의 사람들은 앞으로 쏠리고 고속 주행 중에 급브레이크를 밟아도 차가 앞으로 밀리게 되는 것은 바로 이 관성의 법칙 때문이다.

이 법칙을 어떤 물체의 물리적 운동을 넘어 인간의 확대의지나 심리에 적용하게 되면 흥미로운 여러 가지의 통찰을 이끌어 낼 수 있다.

이를테면 아흔 아홉 마리의 양을 가진 부자는 백 마리의 부를 채우기 위해 가난한 사람의 한 마리 양을 빼앗으려는 유혹에 빠지는 경향이 있는데 이것도 관성의 법칙이 작용하는 것으로 볼 수 있고 어떤 조직이 커 가면 커 갈수록 확대의 의지가 무차별 증폭되는 거대기업의 심리기제도 일면 객관적으로 설명이 된다.

이런 심리의 시각으로 볼 때 대형 교회는 그 발전의지에 따라 점점 어떤 형식으로든 융단폭격의 공격적인 태도를 띠게 되는 것을 우리는 충분히 예상할 수 있다.

수단과 방법을 가리지 않고서라도 발전되어온 확대의 속도를 유지해야 되는 것이다. 개인이든 어떤 형태의 조직이나 공동체이든 이런 심리기제가 생리적으로 존재하는 것을 우리는 늘 피부로 목격할 수 있다.

이러한 관성의 법칙은 이미 묵은 문제인 목회자들의 명예욕과도 깊은 연관이 있는데 이에 대한 보다 포괄적인 이해를 위해서도 이런 접근은 필요하다.

목회자 사회에서 주요 집회나 행사의 의전에서 가끔 보면 좌석 배치만 틀려도 문제가 되고 예배순서 담당에서 비중이 뒤바뀌어도 시험이 들고 난리가 나는 경우들이 있다.

임원이 되는 순서나 배열이 어긋나고 삐끗해지면 그 다음에는 그 해당 인사의 적극적인 협력은 기대하기가 힘들어 지는 경우도 흔히 볼 수 있다.

목회자 사회의 이면이며 어두운 그늘로 회자되는 이런 부분들은 늘 상 교회 밖이나 교회내의 평신도들의 달콤한(?)험담의 소스들이 되는 것이 사실이고 쉽게 유치하고 어떤 하위문화로 지탄이 되기도 한다.

그런데 알만한 인사나 명망 있는 분들도 어떤 위계질서나 명예가 존중되는 단체나 조직에 들어가게 되면 쉽게 그런 문화에 젖게 되는데 이런 심리기제 역시 관성의 법칙으로 설명할 수가 있다.

곧 어떤 명예가 존중되는 단체나 공동체에서 한번 이름이 올라가면 해가 거듭되고 관록을 더할수록 관성적으로 계속 명예는 존중되어져야 하고 더욱 높아져 올라가야만 하는 것이다. 이 관성의 법칙에 거슬러 한 번 올라간 명예가 내려가거나 축소되면 당사자는 심한 불쾌감 내지는 상대를 향하여 시기심이나 질투 고통을 경험할 수가 있게 된다.

언뜻 보기에 유치하고 졸렬해 보이는 패거리 싸움이나 파벌, 갈등이 쉽게 일어나는 조직문화의 공간이 이 자리에서 생성된다. 이런 심리기제는 교회의 안이든 밖이든 비단 목회자 사회뿐만 아니라 모든 개인이나 모든 공동체에 공통적으로 나타나는 인간 본성의 현상이다.

기성세대를 비판하는 참신한 신진에게도, 정치판의 부패를 감시하고 보완하고자 하는 시민단체들에게도 그들만의 리그에서는 어김없이 이러한 하위문화는 경험되어 진다.

역사이래로 기성세대의 구악과 부패를 극복하고자 들고 일어난 수많은 혁명과 개혁그룹들이 있었지만 그들 역시 구태를 너무나 쉽게 반복, 또다시 개혁의 대상으로 전락하게 되는 것은 바로 이 심리기제에서 자유 할 수 없었기 때문이다. 이 관성의 마력을 당할 장사가 없는 것이다.

그러므로 개혁이란 것이나 새롭게 되는 것은 이렇게 보면 그렇게 말처럼 단순한 것이 아님을 우리는 알 수 있다.

세상을 이긴다는 우리 그리스도인들의 명제나 경건이란 모토도 그렇게 신앙적인 구호나 규정, 개인적인 신념의 차원으로 순진하게 되는 것이 아님을 알 수 있다. 그래서 우리 주님께서도 비둘기처럼 순결하고 뱀처럼 지혜로워야 한다고 말씀하신 것이 아닐까?

힘을 확장시키려는 이 무서운 의지의 법칙, 이것을 거스릴 수 있는 것이야 말로 신앙이요 이 힘에의 의지마저 창조적으로 변환, 선용하는 것이 믿음의 능력이라면 이제 우리는 이 관성의 마력까지 극복할 수 있는 안목을 우리의 비전에서 중요하게 포함시킬 필요가 있다.

삶이, 신앙이 골목에서의 병정놀이가 아닌 만큼 우리는 신앙을 주변으로 하는 사물과 현상을 보다 통합적인 시각으로 해석하고 그것을 전인격적으로 극복할 수 있는 절절한 지혜가 필요하다. 이런 측면에서 보더라도 관성의 법칙이야말로 우리가 깊이 탐구되고 다루어져야 할 개혁의 핵심과제가 아닐까?

다이돌핀(Didorphin)이 주는 지혜

다이돌핀(Didorphin)이라 불리우는 이 물질은 엔돌핀의 2,000배나 되는 가공할만한 효능을 지니는 것으로 보고 되고 있는데 놀랍게도 부작용은 전혀 없다. 다이돌핀은 일반적으로 사람이 감동을 경험할 때 생성되는 것으로 알려 지고 있다.

•
 •
  •

　　향정신성 의약물질 가운데 몰핀(Morphin) 이라는 약물이 있다.

　　사람의 인체에 이 물질을 투여하면 감정은 흥분이 되고 기분이 몹시 좋아진다.

　　이 약물이 강력한 소염, 진통효과도 있어 진통제로도 널리 활용되어 오고 있는 것을 우리는 알고 있다. 하지만 이 몰핀은 이렇게 사람에게 유용하게 쓰이는 좋은 장점이 있는가하면 치명적인 약점이 있다. 바로 중독성이라는 부작용이 그것이다.

　　그런데 사람의 인체 내분비기관에도 이러한 몰핀 성분과 비슷한 물질이 생산된다. 몰핀이 함유하고 있는 부작용이 전혀 없으면서도 약물의 효력은 몰핀의 무려 48배나 되는 이 물질의 이름은 엔돌핀(Endorphin)이다.

어떤 종교인 건강전문가에 의해 널리 알려진 이 물질은 기분이 밝을 때, 좋고 긍정적이고 인격적인 의미나 보람을 경험할 때 인체 내에서 생성되는 것으로 알려져 있다.

어떤 표상적이고 말초적인 쾌락이나 기쁨을 넘어 질감 있는 행복을 추구하고자 할 때 인간은 이 엔돌핀을 길어 올리는 가치관과 실천이 꼭 필요하다는 것이 한동안 꽤 인기리에 전파되곤 했었다.

한편 뛰는 놈 위에 나는 격으로 요즘에는 엔돌핀과는 그 효력 면에서 비교도 되지 않는 초강력 물질이 새로이 소개되고 있다.

다이돌핀(Didorphin)이라 불리우는 이 물질은 엔돌핀의 2,000 배나 되는 가공할만한 효능을 지니는 것으로 보고 되고 있는데 놀랍게도 부작용은 전혀 없다.

이 다이돌핀이 인체 내에서 생성되면 면역기능은 최고조로 강화되고 강력한 자가 치료 능력이 가동, 스스로 제 몸을 치료해 내는 능력이 발생한다.

의미의 증폭, 일상의 일깨움, 정신적 성장과 삶의 창조적 동기를 만들어 내는 정서적 바탕이 이 물질이 주는 만족과 감격, 행복, 포만감으로 비로소 비롯될 수 있다. 그 정도로 효능이 깊고 세다는 말이다.

다이돌핀은 일반적으로 사람이 감동을 경험할 때 생성되는 것으로 알려 지고 있다.

눈물이 쏙 빠지도록 내면이 뒤흔들리는 감동을 받을 때, 전혀 예기치 못했던 깨달음과 섬광과 같은 지식을 체험했을 때, 아름다운 그림이나 음악을 보거나 들었을 때, 삶의 크고 작은 일에서 깊은 감격을 경험할 때 이 물질은 모습을 드러내며 인간의 가장 깊은 내면을 씻겨내고 적신다.

이러한 다이돌핀이 촉발되고 생성되는 과정을 뜯어보고 이해해 보면 '우리의 삶은 어떠해야 하는가?' 하는 질문에 대해 좋은 통찰을 이끌어 낼 수 있다.

결론은 쉽게 분명하고 확실하다.

인간의 신앙이나 삶이 진정으로 힘 있고 행복해 지려면 감동 지향의 설계도를 가지고 그 감동의 비전으로 시간을 소화해야 한다는 것이다. 스스로 감격과 감동이 살아있는 삶을 꿈꾸고 그러한 삶이 현실적으로 가능하도록 살아가는 기술들을 개발하는 것이 삶의 주요한 내용이 되어야 한다는 것이다.

이런 감동 지향의 설계 도면상에서 계산(?)해 보더라도 신앙은 실로 대단한 자산임이 분명하다.

그리스도를 믿고 체험하는 거듭나는 인격적 전율! 예배와 개인적인 영성생활에서 일상적으로 경험할 수 있는 깊은 은혜와 자기 확신 삶의 전 영역을 최고의 의미로 해석할 수 있는 탁월한 우주론과 통찰력 등등---.

매우 적극적인 이 자산 위에 신앙과 믿음이 삶의 비전으로 일상의 의미 깊은 소명으로 내려오게 되면 감격과 감동은 강물처럼 샘물처럼 돋아나 한 몸이 된다.

놓치고 그냥 흘러버리기 쉬운 밋밋한 시간들, 특별한 카리스마나 재능도 없이 묻혀 있는 소시민의 일반적인 삶들, 짜릿한 리듬이 없는 지루하고 권태로운 삶의 쳇바퀴에서도 신앙은 내면을 촉발시켜 남다른 의미를 생산해 내고 그 저변 위에 전인격적인 기쁨과 비전은 입체적으로 꽃을 피운다.

이러한 다이돌핀이 자연스럽고 편하게 우러날 수 있는 환희의 시간과 삶이 어우러진다면 삶의 경쟁력은 저절로 깊어지고 시간이 더할수록 성장은 명징하게 높아지게 될 것이다. 신앙이 진정한 웰빙이 된다는 명제는 이로써 상투적이고 교훈적인 도덕교과서 같은 의미를 넘어 삶을 지배하는 현실적인 설득력을 얻는다.

"성취동기의 삶을 순화시키고 사랑과 믿음의 비전으로 삶을 끌어 올려라!"

이 모토는 그래서 오늘날 교회 안에서 보다 교회 밖의 기업체나 조직의 경영에서 더 열심히 응용되고 있는 주제이기도하다.

11 · 중년이 책을 읽어야할 이유

12 · 암 병동

13 · 자기 수련의 문화가 부족하다

14 · 신앙과 병리

15 · 성경이라는 것의 주관성을 극복해야

다이돌핀이
　　주는 지혜

중년이 책을
읽어야 할 이유

중년은 사물과 개념에 대해 이해의 폭이 나뭇결처럼 깊은 질감이 더해져 비로소 책읽기를 통한 지식흡수와 인식에 제대로 된 소화능력의 반응을 기대할 수 있는 황금연령기이다.

책읽기에 좋은 계절이 다시 돌아왔다.

신앙의 차원을 넘어 사회문화적인 관심을 내용으로 한 것이지만 실어 본다.

우리 사회의 가장 무서운 낭비요 거대한 자원의 손실 가운데 하나는 바로 우리 기성세대가 책을 읽지 않고 학습을 하고 있지 않다는 것이다.

학교를 졸업하면 마치 군대를 제대하고는 부대를 향해서는 소변도 보지 않는다는 격으로 책과 공부에 대해 노이로제 증상을 경험하고 싫어하고 담을 쌓아 버린다. 그 후로 책을 본다는 것은 승진이나 어떤 시험을 위해 어쩔 수 없이 하는 건조하고 냉혹한 생존을 위한 작업일 뿐이다.

원래 사유능력에 우수했던 우리의 문화적 전통은 시와 문장과 학문을 거의 호흡처럼 사랑하고 삶의 전 영역에 인격화하는 풍토로 연연한데 오늘날 가히 폭력수준에 육박하는 사교육의 과잉과 비정상적인 열심들은 공부에서 삶을 구축해 버린 지 오래이다. 이런 '학습'에 대한 비인격적인 저변은 교육에 대해 메마른 혐오감을 자생하도록 해 '평생학습'에 대한 기름진 좋은 동기와 비전들을 뭉개어 버린다.

이러한 흐름의 고착된 문화는 건강하게 사유할 줄 아는 객관적인 능력과 여유의 소금 같은 인성을 갖춘 사람들을 생산하지 못하는 악순환으로 기능되어 사회적 경쟁력을 현저히 약화시킨다.

이런 흐름에서도 우리는 특별히 본향으로 회귀하듯 책을 들고 학습으로 돌아오지 않으면 안 될 것이다.

이 얼마나 심대한 사회적 손실인가?

이런 사회적 이유도 이유이지만 특히 40대이상의 기성세대 중년기들이 책을 들어야하는 이유는 사실 많다.

먼저 내면의 정서적 건강 하나만으로도 중년이 책을 들어야 하는 이유는 분명하다. 중년의 책읽기는 삶에 찌든 녹을 씻겨내고 팽팽하게 조여만 왔던 긴장들과 스트레스들을 풀어내며 쉴만한 여유를 건강하게 경험하게 하는 삶의 유능한 기술이 될 수 있다.

이러한, 창경궁의 후원처럼 기분 좋은 이유 하나만으로도 책읽기는 성인들에게 참으로 귀중한 짙은 녹색의 선물이 아닐 수 없다. 그리고 또 이렇게 중요한 녹지 공간 확보 차원의 필요성 이외에도 중년이 책을 보아야 하는 이유는 더 많다.

먼저, 중년은 사물과 개념에 대해 이해의 폭이 나뭇결처럼 깊은 질감이 더해져 비로소 책읽기를 통한 지식흡수와 인식에 제대로 된 소화능력의 반응을 기대할 수 있는 황금연령기이다.

당장 기본 고전류는 10대나 20대 때 보는 책들이라는 선입견을 버리고 조용히 걸터앉아 책장을 넘겨보면 그 난해했던 개념이나 도저히 가늠하기 어려웠던 의미들이 마음 편하게 와 닿고 화초의 뿌리가 수분에 반응하듯 즐겁고 깊은 맛에 호흡이 맞아 하나인 것을 느끼게 된다.

이 얼마나 아름다운 옥토인가?

지금의 중년이 2,30년 전에 흔하게 읽어대던 사회심리학자 에리히 프롬도 이미 중년기의 이런 유능한 점을 50여 년 전에 출간했던 글에 이렇게 지적해 놓고 있다.

"역사, 철학, 종교, 문학, 심리학 등을 배우는 데에는 분명 한계가 있다. 이러한 과목을 대학에서 배우게 되는 20세 전후도 이상적인 시기는 아니다. 이들 분야에 관한 문제를 정말로 이해할 수 있으려면 대학시절에 겪었던 것보다 훨씬 더 많은 삶의 경험을 겪어야만 한다.---(암기가 아니라 이해한다는 의미에서)--- 대개의 경우 일반적인 관심이 한창 젊었을 때 보다는 중년기에 들어서 더 커진다." 중년이야말로 진짜 반듯한 학생이 될 수 있다는 이야기이다.

그리고 중년기의 완숙기는 쉽게 자신과 만나는 내면의 대화로 정직해 질 수 있다는 면에서도 독서에 유능하다.

"나는 누구이며 어디에 와 있는가?"

"나의 이성과 사유는 합리적이며 현실을 객관적으로 파악해 내는데 건강하고 생산적인가?"

좀 철이 지난 것 같아도 중년에 이러한 유쾌한 성찰들의 리듬을 즐기다 보면 살아있는 목표들은 더욱 신성해지고 그동안 고착되어 있던 사유는 자극이 되어 또 다른 지식의 기름진 평원으로 스스로 인도되어 올려 진다.

호기심과 설레임은 절대로 10대,20대의 전유물이 아닌 것이다. 은근히 황홀한 삶은 이제 비로소 시작이다.

그리고 책이라고 해서 반드시 찰랑찰랑하고 맛깔 나는 신간도서를 손에 들어야만 하는 것은 아니라는 것을 안다면 우리는 진짜 책과 친구가 될 수 있지 않은가?

2,30년 전에 읽다가 꽂아놓은 누렇고 흐들흐들한 책들이라도 그런 쪽을 넘기면서도 오히려 중년은 그 묵직한 문장에서 뚝뚝 눈물처럼 묻어나는 대가들의 서늘한 메시지, 미묘하게 스며드는 공감대와 빛나는 성찰들---그런 힘들을 우려 낼 수 있고 그리고 이미 그림자처럼 한 세대를 지나간 듯한 그런 책들에서도 중년은 최신 출판물의, 어떤 정교하게 응용된 원리와 선진적인 비전들,

그런 관점이나 가치들 그런 재치들의 원형들을 찾아낼 수 있고 또 그 뿌리로 탐구된 성찰들을 수북하게 채굴해낼 수도 있다.

이 얼마나 보물창고를 터는 듯한 유쾌한 즐거움인가?

그리고 그렇게 반추된 통찰들은 현대적인 의미와 버무려 또 다른 세련된 깊이로 뿜어 낼 수 있는 것도 중년기만이 누릴 수 있는 특권이다. 그리고 서두를 것이 무엇인가? 제대로 된 순서로 사유하지 못했던 미 성숙기를 하나씩 거슬러 보충할 수 있는 비전과 여유, 성숙이 있어서도 좋다.

이미 모든 일에 편안한 속도를 설정하고 그것을 유지할 수 있는 내면의 기술은 그 동안의 삶에서 터득하지 않았는가? 이제 비로소 우정으로 친밀해 질 수 있는 친구, 그 책의 시간과 호흡을 느낄 수 있는 나이라면 얼마나 화려한 세대이며 학습하기에 얼마나 기름진 초원의 세대인가? 이제야 말로 시작인 것이다.

지금 우리는 우리 사회가 무엇에 걸려 있고 무슨 암초의 벽에 부딪혀 있는지 잘 안다. 그리고 우리 스스로가 대면하고 있는 한계가 무엇인지도 잘 알고 있다.

누구를 탓할 것 없이 이 흐름에서 기성세대들이 스스로를 죽여 내는 '술 권하는 사회'를 줄이고 책으로 돌아가 검은 색 깊이의 녹지문화를 만들어낸다면 우리는 참 맛으로 건강한 인간, 건강한 사회를 만들어 내는 데에 한 발짝 더 다가갈 수 있지 않을까?

암 병동(癌 病棟)

스탈린의 쾌재와는 달리 1954년 우즈벡의 타쉬켄트에서 죽음을 불과 몇 주 앞두고 솔제니친은 그 악성 종양이 신비롭게 치료되는 것을 경험하며 되살아난다. 그가 절망의 병동에서 기적처럼 '살아 계신 하나님'을 체험한 것이다.

러시아의 위대한 작가 솔제니친이 1950년대에 치명적인 암을 경험했던 것은 잘 알려진 사실이다.

제정러시아가 붕괴된 이후로 러시아는 왜곡된 이념과 인간에 대한 비인격적인 믿음, 그 터 위에 어긋맞게 설정된 체제의 방향으로 치달으며 점점 강압적인 형태를 띠게 되는데 이에 솔제니친은 자신의 작품을 통해 저항을 한다.

당연히 스탈린 공산당 정부는 매운 핍박을 가하고 그 수형의 과정에서 솔제니친이 몸에 무서운 병을 얻은 것이다.

사랑하는 자신의 나라 제정러시아가 말기부터 도저히 메울 수 없는 참으로 공포에 가까운 계층의 갭을 벌여 놓더니 결국은 '붉은 혁명'을 불러 왔고 그렇게 돌출된 전혀 새로운 형태의 프롤

레타리아 정부는 이념과 체제를 위해서 개체 인간과 인간다움의 질서를 거꾸로 뒤집는다. 사람의 생각이 뒤틀리고 국가 공동체의 목적과 방향이 비인격적으로 왜곡된다.

거대한 병동으로 발전해 가는 체제의 흐름에 솔제니친 자신이 양심을 지닌 한 인간으로서 싸우지만 자신마저 지치고 병든 채 암 병동에 누워 버린 것이다. 하지만 싸움은 그렇게 허무하게 끝나지 않는다. 스탈린의 쾌재와는 달리 1954년 우즈벡의 타쉬켄트에서 죽음을 불과 몇 주 앞두고 솔제니친은 그 악성 종양이 신비롭게 치료되는 것을 경험하며 되살아난다. 그가 절망의 병동에서 기적처럼 '살아 계신 하나님'을 체험한 것이다.

그 체제와 싸우고 죽음과 싸우는 처절한 몸부림에서 러시아의 제2의 정부로 불리우던 작가는 신앙을 온 몸으로 체득하고 되고 한 인간으로서 더 깊어지는 법을 배운다.

죽음의 병이 신비롭게 치유되었던 사실도 쏟아지는 감격이었지만 그 과정에서 덤으로 얻은 삶의 진실과 의미, 그 환희는 그 무엇과도 바꿀 수 없는 진귀한 것이었다.

인간을 이해하고 역사를 이해하는 깊이의 변화가 확연히 달라졌다. 크렘린은 이제 제대로 된 적수를 만난 것이다. "그 때의 운명적인 경험이 없었다면 이후의 이 솔제니친은 어떻게 되었을까? 생각만 해도 끔찍한 일이다!" 후에 그는 독백처럼 자주 스스로에게 이 질문을 던지곤 했다.

그리고 그는 후일 미국에서 한 강연을 통해 이렇게 말한다. "20세기의 온갖 문제는 인간이 하나님을 잊어버린 데에서 촉발된 것이다"1978년 하버드 대학에 초청되어 가서는 또 이런 말을 했다. "(서방세계의)스크린과 출판물들은 거짓된 미소와 축배의 술잔으로 가득 차 있습니다. 무엇이 그렇게도 즐겁단 말입니까?" 사람의 몸은 아무리 잘해도 100년을 이기지 못하는 유한한 물질덩어리로 구성되어 있다. 거북이처럼 단단한 껍질에 싸여 있지도 않거니와 모든 구조와 기능은 치밀하고 정교한 입체적인 시스템에 의해 작동되므로 어느 한 곳의 미세한 결함으로도 전체가 무너질 수가 있다. 이런 살얼음을 걷듯 아슬아슬한 육체로 사람이 건강을 보전하고 근 백년을 살아 갈수 있다는 것 자체는 사실 놀랍고 대단한 일이다.

사람의 육체가 문명의 이기 속에서 쉽게 병이 들 수 있다면 한편, 가정, 사회나 국가 공동체도 솔제니친의 조국처럼 병이 들 수가 있다. 오도된 비전, 죄, 비인격적인 힘과 억압, 그릇된 권력과 탐욕과 부정이 기생하는 에너지와 덩어리가 자리를 틀고 뿌리를 내리면 집단과 공동체도 개인의 몸처럼 여지없이 병들고 무너지게 되는 것은 다반사다.

오늘날 우리가 육체의 건강을 위해 건강검진에 지대한 관심을 갖듯 우리의 마음과 영혼의 건강상태를 미리 체크해 보는 것은 어떨까? 하나님의 말씀인 성경은 이미 인간에 대해서 근본적으로 이런 선고를 내린다.

"모든 사람이 죄를 범하였으매 하나님의 영광에 이르지 못하더니"(롬3:23)

전체가 무조건 정상적이고 옳다고 하는 근거 없는 믿음은 무서운 오류를 불러 올 수 있다. 항상 인간의 한계와 불완전한 범주를 넘어서는 객관적인 권위와 잣대가 그래서 우리 인간에게는 필요하다.

솔제니친의 모국처럼 하나님은 처음부터 우주적으로 인간 전체에 대해 암 선고를 내린다. "모든 사람은 죄를 범했다! 만일 우리 인간이 자신의 마음에서 이 죄의 본성을 도려내거나 뿌리부터 씻어내지 못한다면 이 어둠의 암세포에 의해 무미건조한 껍데기만 남고 죽게 될 것이다"

이 선고가 현실적인 힘을 갖느냐 아니냐 하는 것은 인간의 절대다수가 문명의 이기와 소유의 빈부 여부와 관계없이 허무와 무의미로 고통 받고 있는 것만 보아도 이미 판가름 난다.

인간은 언제나 위기의 시간을 살고 있는 것이다.

이런 의미에서도 인간과 사회의 백신이자 치료자로서의 예수 그리스도의 의미는 더욱 남다르다.

자기 수련의
문화가 부족하다

사랑과 희락과 화평, 오래 참음과 자비와 양선과 충성, 온유와 절제——이 귀한 축복들은 구원의 은혜와 성령의 은사처럼 그냥 주어지는 것이 아니다.

교계의 대표적인 어른으로 존경받는 한 은퇴목사님은 최근, 우리 교회에 지금 절절히 필요로 하는 것은 성령 대 부흥운동이니 민족복음화니 하는 거대구호나 담론이 아니라 한 사람 한 사람이 우리 주님 앞에서 진정한 제자로 거듭나고 성장해 가는 것이라고 말한 적이 있는데 필자도 가슴깊이 공감하는 바이다.

세상을 이긴다는 그리스도인들이 미숙과 탐욕, 거칠은 배척과 편 가르기, 냄비문화에 천착되어 좌표를 잃고 방황하는 우리 한국사회에 소금 같은 시대의 대안을 제시하고 단비와 같은 모범이 되는 것은 고사하고 오히려 먼저 물량과 권력, 세력과 힘을 숭배하는 세속문화와 가치관에 깊이 빠져 들어 맛을 잃은 소금처럼 세상으로부터 길에 버려져 밟히고 있는데 무슨 또 벌떼와 같은 외적인 구호와 담론이란 말인가?

　　기대를 모았던 386세대가 한국사회의 힘 있고 선이 바른 깨끗함에 터하여 새로운 세대를 향한 도덕적 권위를 생산해 내지 못하고 지금과 같이 기성세대의 그것과 하등 차이가 없는 정치문화를 보이면 우리 사회는 그만큼 길을 잃고 좌절할 수밖에 없게 된다.

　　경제성장과 함께 양축으로 우리 사회를 설명하고 쌍끌이로 끌어왔던 민주화의 권위는 이제 여기에서 짧게 수명을 다하고 그 신화도 이렇게 쉽게 부정되어 버린다.

　　우리 사회에서는 변화이니 민주화이니 하는 지순한 환상들이란 것도 우리에게는 결국은 하나의 거대한 집단 오락이요 표상에만 머물고 지나가 버린 냄비같이 얕은 하위문화였던 것이다. 그것을 작금 그 세대가 단면으로 보여 주려고 하는 것이다.

　　다음 세대를 보장받고 번성한다는 것이 저절로 주어지고 되어지는 것이 결코 아님은 지금 권력의 영역을 점령한 우리 386세대들의 시행착오만 보더라도 명백하다.

　　교회는 이런 거울들을 절대로 간과해서는 안 된다고 필자는 생각한다.

　　그러므로 지금 우리 교회에 절실한 것은 한 사람, 한 사람, 사람을 만들어 내는 일이다. 자신을 향해서든 가정을 향해서든 교회와 사회를 향해서든 영향력을 끼칠 수 있는 유능하고도 통전적인 그리스도인들을 양성하는 일이다.

이러한 가치의 전환, 보다 본질적이고 전인적인 생명의 패러다임의 변화에는 게으르고 생명의 지식을 교회와 강단의 언어에만 가둬둔 채 여전히 외적 구호나 거대담론에 몰입, 과거처럼 교회가 또다시 단선 구호에 묶어 생각할 줄 모르는 무뇌적 그리스도인들을 양산하는 패러다임으로 선교와 부흥을 말한다면 다음 세대는 보장받기 어려워지게 된다. 이것은 불을 보듯 뻔한 것이다.

우리 한국교회는 칼빈과 개혁자들의 전통을 따른다는 미명하에 그동안 행함이 수반되지 못한 믿음만을 강조해온 면이 있다.

믿음을 지나치게 기계적이고 도식적으로만 이해하였고, 그 기계적 도식 속에서 신앙은 쉽게 삶을 빠뜨리고 오직 믿음에만 몰두하게 되는 우를 불러왔고 그 균형이 훼손된 지점에서 행위에 무책임한 정서들을 발전시켜 왔던 것은 사실이다. 고귀하고 값비싼 구원의 은혜를 흔해빠진 싸구려 바겐세일로 오인한 면이 있었던 것이다.

그래서 신앙에서도 믿고 구할 줄은 알지만 삶과 인격을 연습하고 훈련할 줄을 몰랐던 것이 사실이다.

같은 성령충만의 차원에서도 구하고 받는 은사와 권능은 유능하고 잘 알아도 경건의 긴 연습을 통해 오는 전인적 차원의 내용에 대해서는 문외한이었다.

오히려 수양과 훈련을 말하면 단박에 그리스도의 십자가를 모독하는 것으로 오해하고 율법주의로 낙인을 찍어 버린다. 그만큼 한 쪽으로 쏠려 있었던 것이다.

하나님은 반드시 어떤 사람이든 사람이라고 하는 그릇을 빚고 만들어 내신 다음에 쓰시는 것을 본다.

위로부터 내려지는 축복이 크고 귀한 만큼 그 금 사과를 담을 그릇이 중요한 것이다.

질그릇 같은 나에게도 하늘 문이 열려지고 귀히 선택되는 은혜를 주시지만 질그릇으로서의 겸손과 감사의 향기를 끝까지 지킬 때 그 질그릇도 질박한 품위로 은쟁반이 될 수 가 있다. 이 과정에서 사람이 사람으로 성숙되고 깨어진 그릇이 온전한 그릇으로 품질을 더해 가는 과정에서 우리는 성령의 열매가 심화되는 것을 본다.

사랑과 희락과 화평, 오래 참음과 자비와 양선과 충성, 온유와 절제---이 귀한 축복들은 구원의 은혜와 성령의 은사처럼 그냥 주어지는 것이 아니다.

어린 아이가 제 발로 서고 걷기를 연습하고 또 연습하는 가운데 마침내 춤을 추며 뛰어 다니듯 하나님 앞에서의 자기훈련과 인내의 열매로 이 귀한 은혜를 누릴 수 있게 되는데 이 삶의 자리를 필자는 주목하고 싶은 것이다.

자기 수련의 동기는 나의 행위로 구원을 이루어나간다고 하는 행위 구원의 동기가 결코 아니며 또 그렇게 오인되어서도 안

된다. 받은 구원의 은혜가 너무나 감격적이고 전율적인 것이기 때문에 그리스도인의 삶에서 의의 병기로 그 내용을 담을 품격과 향기를 나의 성품에 녹여 내는 과정으로서의 자기 훈련이다.

다시 말하면 성품훈련인 것이다.

이것은 복음의 내용에서도 도끼의 날에 힘을 실어주는 뒷뭉치 만큼이나 비중이 나가는 부분이다. 그래서 우리 믿음의 열조들은 기도와 함께 자기 수련의 구도자적 자세를 놓지 않았던 것을 우리는 알고 있다. 문제는 사람이다.

신앙과 병리

믿음을 분명하게 이해하고 체험을 했다면 그 다음은 세상과 이성을 건강하게 이해하는 지혜가 당연히 따라야 한다.

칼빈은 말하기를 인간은 타락의 결과로 소망 없는 상황에 처해 있었다고 한다.

진리를 추구하는 욕망은 인간의 본성 속에 여전히 심겨 있으나 욕망은 결코 성취될 수 없다고 한다. 그것의 지적인 능력에 있어서 우둔한 인간의 마음과 그것의 근원적인 능력이 제거된 인간의 영혼은 오로지 어두움 속에서만 진리를 찾을 수밖에 없다는 것이다.

이러한 혼동 속에서 인간은 오로지 거짓과 악의 방향으로 움직일 수밖에 없다는 것이다. 인간은 영구히 내리 받이 방향으로 죽음과 무지와 영적 파괴를 향하여 달음박질하고 있다는 것이다.

하나님의 나라와 영적 생명에 관한한 인간 이성의 빛은 암

흑과도 같다. 이 이성의 빛은 길을 가리키기도 전에 꺼져버리기 때문이다. 또한 그것의 지각 능력은 자기 결실에 도달하기도 전에 사그러지기 때문에 거의 눈먼 것이나 다를 바 없다.

모든 사람은 날 때부터 자연적으로 종교적인 어떤 것을 지니고 있지만 우리의 하나님 이해가 즉시 부패될 만큼 우리의 마음은 무지하고 어리석으며 약하다.

종교는 그와 같이 그것 자체의 성질에서가 아니라, 인간의 마음에 자리 잡고 있는 그리고 우상과 참되신 하나님 사이를 구별하지 못하도록 인간을 방해하는 어두움을 통하여 생기는 모든 미신들의 시작이 되는 것이다.

이성도 분명 하나님이 우리 인간에게 주신 선물인 만큼 건강하게 선용하고 활용하는 것이 좋은 신앙일 것이다.

이성을 부정하라는 말은 다시 말하지만 이성위에 있는 믿음을 강조하기 위한 전제적 설명이지 몰이성적이 되라는 말이 결코 아닌 것이다.

믿음을 분명하게 이해하고 체험을 했다면 그 다음은 세상과 이성을 건강하게 이해하는 지혜가 당연히 따라야 한다.

이런 균형이 아니면 우리의 신앙도 언제든지 병리적 수준의 정서와 감정을 만들어 낼 수 있는 것이다.

80년대 우리나라에 선풍적으로 읽히고 인기를 구가하던 사회심리학자 에리히 프롬을 우리는 알고 있다.

경건한 유대인 가문에서 성장한 그가 인간의 정신과 생각들을 분석하고 그 치유에 직업적인 관심을 가지게 된 동기도 다름 아닌 신앙의 병리적인 부분을 체험하면서부터였다.

그가 청소년기였을 때 자신의 가문이 속한 유대종파에 잦은 충돌이 있었는데 그 때 서로 맹렬하게 갈라져 정죄하고 편을 갈라내는 모습들을 본 것이다.

세속의 공동체에도 늘 분열이 있고 다투는 일이 있지만 신앙 공동체의 경우에는 경건하고 정통적일수록 유독 사고나 감정, 정서들이 독단적이고 다른 선에 대해 폐쇄적인 성향들이 나타난다는 현상에 남다른 인상을 받았던 것이다.

평소에 존경해 마지않던 회당의 어른들, 수염과 구렛나루, 검은 모자에 묻힌 경건한 지도자들, 그 분들이 같은 종교 안에서도 생각이 다르고 다른 견해를 가지고 있다는 이유로 같은 공동체에 대해 그렇게 비인격적인 사고나 폭력이나 다름없는 배척을 너무나 쉽게 실천하는 모습들이 너무나 의아했고 연이어 그런 사고나 실천에의 동기를 만들어 내는 그 '경건'의 또 다른 면의 심리기제가 몹시 궁금해진 것이다.

그 충격과 호기심이 그 방면에 탁월했던 에리히 프롬을 가능하게 했겠지만 어쨌든 나중의 술회에 의하면 그의 첫 대학졸업 논문도 그래서 유대 종파에 관하여 심리학적 분석을 가한 그런 내용이었다고 한다.

신앙은 키에르케고르의 말대로 한 인격체를 전능자 하나님 앞에 직면시키는 그런 충격과 전율을 포함한다. 그런 성격으로 신앙은 원만한 인격이나 티 나지 않는 그런 태도나 예의를 넘어선다. 보편적인 균형이 아니라 균형을 깨고 완전히 다른 차원을 재창조하는 역동적인 층위에 신앙의 자리가 있는 것이다. 곧 문화로서의 신앙이 아니라 문화적인 차원까지도 새롭게 창조할 수 있는 초 문화이다.

그런데 우리는 여기서 신앙이 세상을 초월하지만 늘 신앙을 말할 때 이 세상을 초월한다는 이 '초월'의 자리를 예민하게 염두에 두고 생각을 할 수 있어야 한다.

세상을 초월한다는 초월은 세상과의 역학관계에서 상호적인 의미에서의 초월이지 결코 세상을 부정하거나 세상을 배타적으로 이해하는 초월이 아니다.

세상을 부정하기 위한 부정으로서의 초월이 아니라 초월을 통하여 이 세상을 더욱 힘 있게 변화시키려고 하는 역설로서의 초월인 것이다.

이런 역학점을 건강하게 이해한다면 우리는 초월의 신앙을 맹렬히 존중한다고 해서 결코 이 세상을 몰이성적으로 부정한다거나 영지주의자처럼 극단적 이원론으로 흑백을 나누지는 못한다.

흔히 이 포인트에서 신앙을 한쪽으로만 강조하고 오직 그 편의 신앙에만 몰두한 나머지 신앙이 세속과 어떻게 설정되고 관계되고 있는지조차 생각도 해 보지 않으려는 경향도 없지 않아 있지만 그 정도가 되면 이미 신앙은 병리적 수준의 경계를 넘어서고 있는 것으로 보아야 한다.

이 경계에서 사람들의 신앙은 쉽게 고착된 순수의 열정으로 닫히고 그 뜨거움은 폐쇄적 정열의 차원으로 굴절되어 많은 사례의 사회적 문제를 야기 시킬 수 있다.

그러나 칼빈은 하나님의 형상은 인간이 범죄 했을 때 파괴되었다고 말할 수 있을 정도로 손상되었으나 사람의 본성적인 재능들을 자연적 재능과 초자연적 재능으로 날카롭게 구별함으로써 하나님의 형상이 전적으로 소멸되지 않았다고 강조한다. 그러므로 선과 악을 구별하는 이성은 자연적 선물이기 때문에 이것은 완전히 말소될 수 없다.

여기서 칼빈은 일반은총을 말하며 이 일반 은총의 근원도 성령이라고 한다.

칼빈은 이성은 부패하고 기형적인 모습이지만 지상의 일, 즉 사회 생활을 해 나가는데 필요한 공정성과 질서에 대한 보편적인 생각, 그리고 법의 필요성과 법의 원칙을 이해한다.

그러므로 하나님이 주신 일반은총으로서의 '이성'을 무시하는 신앙이라면 그 신앙은 병리가 있을 수밖에 없는 것이다.

이런 의미에서 신앙에도 병리가 있다는 말은 진실이다.

성경적이라는 것의
주관성을 극복해야

항시 말씀을 존중하고 말씀을 중심으로 해야 하지만 자칫 지나친 과잉으로 말씀이라는 고착적인 편견 속에서 얼마든지 말씀을 비성경적으로 왜곡시킬 수도 있는 것이다.

　　　　하나님의 말씀인 성경은 선과 악, 신앙과 불신앙, 현세와 내세를 매우 선명하게 갈라낸다.
　　　　성경만큼 흑백적인 사고를 강조하고 중시하는 경우도 없는 것이다. 그래서 성경을 충실히 알고 기도를 많이 하여 신앙의 파토스에 충실한 그리스도인일수록 선이 분명하고 대칭적이어서 '역발산기개세'와 같은 역동적인 정서를 갖는다.
　　　　하지만 그렇다고 하더라도 그 흑백적 사고만 알고 지나치게 매사에 부정의 논리, 배타적인 논리에 함몰되어서는 신앙의 건강성이 보장받기 어렵다.
　　　　성경은 매우 대칭적으로 부정과 긍정의 논리로 선을 가르지만 그러면서도 그 배면에는 미묘한 긍정의 차원을 포함한다. 이를

테면 성경이 진단하는

이 '세상'은 타락했으며 심지어는 '공중권세 잡은 자'의 강력한 영적 영향력아래 노출되어 있는 심히 사악한 영역(엡2:1)이지만 '세상'은 또 다른 면으로는 주의 영광이 선포되는 아름다운 '성소'이기도 하다.(시18:1)

인간은 전적인 타락으로 마귀의 노예가 된 존재로 정죄하고 진단하지만 그 또한 그런 진단을 통하여 인간으로 하여금 올바른 지식을 경험하게 하여 자신을 진정으로 극복하고 치유된 인간으로 이끌어 올리고자 하는 일깨움의 역학적 화법과 다름 아니다.
인간을 맹렬히 정죄하지만 그 목표는 어디까지나 정죄를 위한 부정의 정죄가 아니라 거듭나고 변화된 건강한 사람인 것이다.
그러므로 우리는 성경을 보고 읽을 때 같은 '세상'이라고 하더라도 '마귀의 소굴'과 '거룩한 성소'라고 하는 도저히 병립할 수 없는 이 절대부정과 절대긍정을 건강한 긴장으로 종합하고 이렇게 다른 배면을 한 국면으로 담을 수 있는 가슴과 눈을 기르지 않으면 안 된다. 그렇지 않고 문자적 표현에만 올인하고 모든 것을 투사한다면 성경은 쉽게 한 쪽으로 쪼개어 지고 그 당사자에게는 많은 병리적 수준의 내면과 실천들이 나타날 수 있다.

사람이 풍성하고 건강해 지려면 역설을 이해할 줄 알아야 한다고 한 어떤 정신분석가의 말을 이런 성경을 보는 눈에서도 필자는 공감한다.

우리의 삶에도 무수한 역설이 존재하는 만큼 하나의 사물과 현상에도 많은 초 합리적 역설이 존재할 수 있는 것이다. 그래서 필자는 어떤 논쟁에서나 신앙적인 글에서 성구를 쉽게 인용하지 못한다.

어떤 신앙적 입장에서는 양측에 다 힘을 실어 주는 서로 다른 성구들이 양립하고 있음을 뻔히 아는 데 내가 인용하는 성구만 하나님의 말씀이고 다른 입장의 성구는 하나님의 말씀이 아닌 것이라고 부정할 수 없기 때문이다.

물론 대부분의 교리적 영역이나 일반적 입장에는 충분히 말씀을 상고하고 적극적으로 성구를 인용하기를 주저하지 않는다.

또 어떤 분들 중에는 이런 분도 있다. "주석이나 신학을 이용하는 것은 영적인 태도가 아니다. 그러므로 자신은 늘 직접 일대일로 말씀을 대면하기를 좋아하고 설교를 준비할 때도 하나님께 직접 받은 감동으로 성경을 푼다. 이렇게 일대일의 감동으로 푼 '말씀' 이 진정한 말씀이고 신학의 힘을 빌거나 주석으로 푼 것은 인본주의이며 영적으로 단계가 낮은 말씀이다!"

하지만 이런 순수의 논리에도 많은 함정이 있다.

복음주의의 새로운 기수인 알리스터 맥라스도 말했듯 오늘의 나는 성경을 처음 읽는 유일한 사람이 아니다. 교회와 성도의 유익을 위하여 과거에도 수많은 전문가들이 보았고 지금도 보고 있으며 미래에도 보게 될 것이다.

그런 역사의 적체 가운데 검증되고 걸러진 전문성을 참고로 할 줄 아는 것은 지혜이다. 이런 지혜들을 우습게 여기고 주석과 신학을 부정하는 것이 말씀을 올바로 존중하는 태도라고 가르치는 것은 말씀의 권위를 잘못 이해한 것이다.

그리고 오늘 성경을 일대일로 대면하고 있는 그 '나'도 절대로 완전한 존재가 아니다. 그 인식과 지식이 벌써 과거와 현재의 사회와 지식으로 인한 고정관념과 편견으로부터 자유 할 수 없고 그리고 많은 개성과 고유한 기질적 특성을 가지고 있는 상대적일 수밖에 없는 '나'이다.

대개 신학적 견해들은 그 당사자의 기질과 밀접한 관계가 있다는 것은 오늘날 잘 알려진 사실이다.

일반적으로 사고가 외곬인 분들이 쉽게 그 심리기제에 맞아떨어지는 소종파적 교리에 빠지기 쉽고 상대의 틀림을 은사적으로(?) 잘 지적해 내는 분들은 이단감별사적인 사고에 매력을 느낀다.

그러니까 사람들은 매우 영적인 분이라 하더라도 사람인 이상 일정부분 자신이 보고 싶어 하는 부분, 자신이 필요로 하고자 하는 시각대로 성경을 보려는 주관적인 경향이 있는 것이다.

그러므로 누구든지 성경을 직접 쓴 기자가 아닌 다음에야 그 아무리 뛰어난 영적인 순결성을 가진 분이라도 주관성의 오류에서 자유 할 수 없다. 이것을 안다면 우리는 겸손해 질 수 밖에 없다.

개인의 주관적인 삶에야 얼마든지 말씀의 직접적인 접근이 필요하고 신령한(?)해석이나 알레고리적인 판단이 가능하겠지만 그런 주관적인 국면을 마치 공적인 권위를 가진양 강요하거나 신학의 지혜 위에 우월하게 설정, 가장 깊고 깨끗한 영적인 해석으로 가르치는 것은 결코 좋은 일이 아니다.

우리가 항시 말씀을 존중하고 말씀을 중심으로 해야 하지만 자칫 지나친 과잉으로 말씀이라는 고착적인 편견 속에서 얼마든지 말씀을 비성경적으로 왜곡시킬 수도 있는 것이다.

part 4

16 · 설교는 소통이다
17 · 사랑 할 줄 아는 사람
18 · 어려운 사랑
19 · 우리안의 유아심리
20 · 바뀌어져야 할 설교학

다이돌핀이
주는 **지혜**

설교는 소통이다?!

아무리 훌륭한 내용을 준비하고 그것을 설교학적인 격식으로 짜 맞추어도 그것이 청중에게 효과적으로 전달되는 작업에 실패한다면 그 설교 페이퍼는 잘 준비된 문장이며 그냥 종이일 뿐이다.

어떤 분야에서는 그야말로 이론과 현실이 따로따로인 경우들이 있다. 이런 불협화음은 사실 거의 모든 영역에서 어느 정도씩은 존재하기 마련이지만 이 부조화의 대표적인 케이스를 들라면 필자는 단연 설교의 세계를 들고 싶다.

곧 설교와 설교학의 관계를 말하는 것이다.

강단에서 잘 나가는 설교가 반드시 설교학의 모범답안에 들어맞을까? 기름이 흐르듯 논리가 아름답고 대지의 구분과 소대지의 균형과 긴장이 잘 짜여 진 모범답안의 설교가 강단의 실전에서는 과연 어느 정도 통할 수 있을까? 이 정도의 간지러운 질문을 던져도 이미 입가에 쓴 웃음을 짓는 목회자는 많을 것이다.

필자는 현존하는 어떤 교단의 대단한 설교자가 신학대학원

시절에 설교학 교수에게 받았던 핍박(?)을 본인과 본인의 동료들의 입을 통해 직접 들은 것을 알고 있다.

정기적인 설교문 제출시간이면 그 분의 설교 페이퍼는 어김없이 강의실 공중을 날아다니다 비행접시처럼 되돌아 왔다는 것이다. "이것도 설교라고 써 왔냐?"하는 멸시와 조롱과 함께---. 함께 공부한 동료들이 그때 민망할 정도였다고 한다.

그런데 지금 그 설교자는 그때 그 설교학의 권위자 앞에서 설교 페이퍼를 제출할 때보다 더 말도 안 되는 설교를 하고 다닌다.

논리도 주제도 대지도 도입도 제목도 결론도 없다. 그냥 마이크를 손에 쥐고 이리저리 강단을 다니며 감동대로 두 시간 세 시간씩 말씀을 전하는데 우습기 짝이 없다. 그런데 교회는 내노라 하는 대형교회로 성장시켰고 그 분의 말씀을 배우러 몰려드는 목회자들의 수는 많다 못해 도무지 끝이 보이지 않는다.

그 설교학을 수강한 엉터리 학생은 명설교로 지금껏 강단의 거인으로 존경과 인정을 받고 있는데 그때 그렇게 핀잔을 주던 그 설교학 전문가의 모범 설교는 평생 그 신학교 울타리를 넘어 본적이 없었으니 아이러니도 이런 아이러니도 없을 것이다.

그런데 이런 아이러니가 언제든지 반복될 수 있는 영역이 바로 설교의 영역임을 우리는 잘 알고 있다.

요즘 한창 기독교 영상매체를 통해 뜨고 있는 스타 목사님을 우리는 잘 알고 있다.

그 분은 그 연예인 기질로 방송에도 나가고 가요를 비롯 모르는 노래가 없어 강단에서도 노래를 부르고 그 노래를 패러디해서 원하는 메시지까지 전달할 수 있는 좀 특별한 은사를 가진 분이다.

그 분이 지금은 미국의 한인교회들을 순회하며 부흥회를 인도하고 있는데 미국의 한인교계에서 어떤 분들이 그 분의 설교에 대해 약간의 우려를 표명하는 모양이다.

도대체 그것이 설교냐? 는 것이다. 쇼나 해피토크 수준이지 저게 무슨 예배 강단의 설교냐? 는 것으로 그분의 집회에는 늘상 꼬리표처럼 따라 다니는 의문이다. 어떤 초교파 선교집회에 관여해서 그 분이 설교한 일이 있었는데 행사가 끝나자 바로 어떤 목사님의 항의전화를 받은 적이 있었다. "강단에서 불경스럽게 유행가가 웬 말이냐?"며 다시는 그런 분을 세워서는 안 된다는 것이었다. 100명의 청중이 있다면 대부분의 사람들은 공감하고 감동을 받는데 그 중의 한 두 사람쯤은 신앙이나 신학의 색깔에 따라 반드시 다르게 느끼는 분들도 있는 모양이다.

그런데 정작 그렇게 설교하는 당사자는 그렇게 제기되는 의문들을 잘 알고 있어서 다음과 같은 능청스런(?)답변으로 대응하곤 한다. "나도 내 설교가 설교학적으로는 문제가 있고 엉터리인 것은 잘 안다. 하지만 청중들을 즐겁게 하고 행복하게 하는 접근이라면 그렇게 규범적으로 재단할 일도 아니다. 즐겁고 행복하고 그로 인해 하나님을 더 잘 섬기고 신앙생활을 더 잘할 수 있게 하는 것이 설교의 목표라면 나의 설교가 그렇게 틀린 것이 아니다.

그리고 교계 안에서는 목사 같은 목사님들은 많다. 하지만 안 믿는 불신자들에게는 나 같은 스타일의 목회자가 한 둘쯤 있는 것도 나쁘진 않을 것이다."실제로 그 목사님의 설교는 드물게도 믿지 않는 사람들에게도 들리는 설교로 정평이 나있고 또 현실적으로 청중들을 무척 행복하게 한다. 그런 '준비된'(실제로 그 분은 엄청난 노력을 하는 것으로 알려져 있다)끼로 불신자와 강단의 완충공간을 잘 만들어 주고도 있다.

어쨌든 그 분에 대한 호불호는 뒤로 미루어 보더라도 필자는 노래 잘하고 웃기기 잘 하는 그 목사님이 설교가 소통이라고 하는 핵심 하나 만큼은 기가 막히게 잘 이해하고 있는 것에는 점수를 주고 싶다.

아무리 훌륭한 내용을 준비하고 그것을 설교학적인 격식으로 짜 맞추어도 그것이 청중에게 효과적으로 전달되는 작업에 실패한다면 그 설교 페이퍼는 잘 준비된 문장이며 그냥 종이일 뿐이다.

그 분이 설교의 규범과 소통이라는 양면에서 그 비중을 소통 쪽으로 많이 두어 규범의 틀을 쉽게 벗어나 일말의 의문을 자초하고 있지만 어쨌든 그 분의 설교가 공전의 히트(?)를 치는 것을 보면 소통의 중요성이 새삼 떠오르는 것은 필자만의 생각일까?

물론 규범도 중요한 것은 더 말할 것도 없다.

사랑 할 줄 아는 사람

사랑에 대한 언어적 고백과 감성적 고백은 바다를 이루는데 정작 사랑할 줄 아는 사람은 찾아보기가 힘들다.

모든 살아있는 존재들이 경험할 수 있는 최고의 것은 바로 사랑이다.

생명을 가진 것들의 생장과 성숙 발전에 가장 중요한 요소가 이 사랑임은 오늘날 정교해지고 풍성해진 심리학자 정신의학자들의 보고로 모르는 사람이 없다.

멀리 갈 것도 없이 나 한 사람이 그 내외면의 성장경험에서 이 사랑의 필요 충분한 기초 체험이 부실할 때 여러 가지 다면적인 왜곡과 굴절들이 삶의 전반에 나타나게 된다.

사람의 인격 내부에서 뿐만 아니라 사업이나 조직 기업 단체 그 어떤 공동체라도 지속적인 사랑의 경험이 지반으로 뭉클하게 묻어 날 때 그 조직의 힘과 시너지는 재생산되고 또 증폭된다.

오늘날 이 역학관계를 알고 있는 현대 경영학은 그래서 이 '사랑'을 경영에 응용하고 적용하는 데에 혈안이다.

사랑이 돈을, 그것도 제대로 벌어준다는 사실을 뒤늦게 알아 차린 것이다.

그런데 사랑의 중요성을 잘 알고 그 가치와 효용성에 대한 지식과 정보가 홍수와 같이 범람해 있지만 정작 이 사랑을 잘 할 줄 아는 기술을 배우고 터득한 사람은 많지 않다. 아니 사랑에 대한 지식이 바로 사랑의 행동과 태도로 연결되지 않는다는 사실, 즉 지식과 기술이 서로 영역을 좀 달리 한다는 것조차 잘 헤아리지 못하고 있는 것으로 보인다.

일찍이 정신의학자들은 이 지식과 기술의 차이를 지적해 왔었는데 정작 사랑을 가장 깊고 넓게 이해하고 가르치고 있는 교회와 신학은 이 틈새에 잘 주목하지 못한다.

지식은 실체에 대한 하나의 정보요 관념이다.

이러한 지식이 한 인격에 이해되어 투사되면 일정기간의 훈련과 반복을 통해 사물을 바라보는 시각이요 그것을 관계하는 태도로 까지 내려가게 되는데 여기까지의 매우 중요한 과정을 비중 있게 생각하지 않는다는 것이다. 이렇게 더 중요할 수 있는 과정에 대한 인식이 가벼워지게 되면 여러 가지 기형적 현상들은 예약된 듯 나타나게 된다.

사랑에 대한 언어적 고백과 감성적 고백은 바다를 이루는데 정작 사랑할 줄 아는 사람은 찾아보기가 힘들다. 오늘날 사랑에 대한 찬양이나 복음송 로고 기호들은 교회의 행사나 전도에 진동하지만 교회와 그리스도인 개인의 윤리나 사고, 삶에서는 그 사랑의 모습이 별로 나타나지 않는다.

이것은 우리가 사랑이라는 언어를 자주 말하고 하트모양을 도배를 하듯 많이 그리고 본다고 해서 사랑이 저절로 되어지는 것이 아니라는 것을 말해 준다.

말끝마다 성령 충만이며 말씀이며 사랑인데 정작 삶을 사는 방식에는 오히려 사랑에 미숙하고 책임에 수준 미달이다.

어떤 정신의학자는 '내가 과연 사랑할 줄 아는 사람인가?'를 어떻게 알 수 있으며 어떻게 확인할 수 있는가?에 대해 이런 검산의 질문을 제시한 적이 있다.

곧 '나 때문에 나의 말과 행동, 관계로 인하여 내 권위에 의존하는 주변의 사람들이 나로 인하여 더 좋아지고 표정들이 더 밝아지고 더 긍정적이 되고 자존감과 자기 확신들이 상승하고 더 건강해졌는가?

이 질문에 대한 답이 유능하고 긍정적이면 그 사람은 사랑을 잘 하고 있는 사람이고 그 반대이면 아직 사랑의 기술을 터득하지 못했다고 보는 것이다.

이 측면의 질문이 반드시 절대적인 것이 아니지만 그래도 우리가 참조하고 응용해 보는 데에는 분명 도움이 된다.

늘 신령한 은혜에 젖어있고 신앙과 믿음을 확신 있게 말하기를 좋아 하고 사랑을 이해하는 데에 탁월한 언어를 구사하는 사람이 있다고 하더라도 일과 인간관계에서는 부하 직원들을 더 굳게 만들고 작아지게 만들고 움츠려 들게 하고 있다면 이 경우는 그 사람의 말과는 상관없이 실제로는 사람들을 미워하고 있다는 것이다.

신앙을 억압의 율법으로 이해하고 또 다른 타자를 그 신앙으로 억압하는 사람은 사랑을 이해하고 있는 사람이 아니다. 그런 사람이 그런 신앙으로 자신의 삶의 과정을 스스로 억압하는 그 태도 자체가 이미 미움이다.

그런 미움의 지반에서 너무나 자연스럽게 주변 사람들을 미움으로 대하면서도 그 특별한 열정이 또한 특별한 사랑이라고 착각하는 경우도 필자는 많이 본 것 같다.

다른 부분도 다 마찬가지이지만 특히 사랑은 기술이 뒷받침될 때 비로소 그 빛난 영향력이 소금으로 기능된다.

충분한 과정에 대한 이해와 긴 연습의 매우 중요한 공간을 건너뛰고 오늘날 사랑에 대해 우리가 지금의 교회처럼 구호와 교리적 규정언어로만 반복한다면 오히려 사랑에 대해 천박하고 상투적인 이미지만 불려 놓을 뿐이다.

사랑은 우리 인간과 사회에 비유하자면 거대 건축물의 벽돌을 서로 붙이는 접착제요 가장 중요한 내외적 자산과 다름이 아니다. 이 재산이 빈궁하면 지금의 우리 사회의 양극화가 극명하게 보여 주는 것과 같이 경쟁력을 치명적으로 약화시키고 계층간의 정서들을 산성화 시키는 악순환의 덫으로 떨어진다.

　문제는 사랑이다.

　그리고 더 크게 문제가 되는 것은 이 사랑을 삶의 관계에서 아름답게 녹여낼 수 있는 기술이다.

어려운 사랑

사랑의 증거자인 우리가 다른 이들에게는 사랑을 말하면서 그 스스로가 사랑에 가득한 생활을 하지 않는다면 무슨 소용이 있겠는가? 비록 자주 흔들리고 넘어지는 가운데서라도 그리스도의 오래 참는 사랑을 잃지 않도록 간절히 기도하며 노력해야 할 것이다.

⋮

대단한 명성을 얻고 있던 어떤 가정사역전문가가 자신의 강의 시간에 이마에 반창고를 붙이고 나타났다고 한다. 그리고는 "왠 이마에 상처냐?"는 부부 수강생들의 질문에 집에서 나오기 전에 아내와 한 바탕 다툰 결과로 생긴 훈장이라며 겸연쩍게 웃더라는 우스개 이야기가 있다.

오늘날 부부사이의 갈등이나 주변인들과의 관계에서 경험되는 여러 억압과 상처, 신경증적인 부딪힘에 대한 다채롭고 풍성한 정보나 지식들은 홍수를 이루고도 남는다.

남녀가 다르다느니 You 메시지보다는 I 메시지를 쓰라느니 지적과 비판보다는 고래도 춤추게 하는 칭찬과 격려를 활용하라느니, 남자에게는 인정과 격려를 여자를 향해서는 대화의 감수성으로 접근하라느니, 관계를 악화시키는 근본원인인 성인아이(역기능의 가정에서 자라난 사람으로 어린시절의 정서가 충족되지 못하고 상처받은 결과로 인하여 성인이 되어서도 과거 내재아가 그안에 그대로 존재한 사람)의 내면을 치유하라느니 하는 전문 상담과 치유프로그램들은 일일이 그 수를 다 헤아리지 못한다.

그리고 이런 상처와 고통을 겪는 가정들을 위한 전문치유기관들도 이미 정글을 이루고 있다.

이러한 자극과 치유들이 실제로 상당히 도움이 되고 그런 과정들을 통하여 관계를 회복한 가정들도 수도 없이 많지만 그러나 여전히 가까운 사람들에 대한 사랑은 여전히 어렵고 풀기 힘든 숙제임은 변함이 없는 것 같다.

필자가 아는 어떤 자매는 가족의 밖 교회나 직장에서는 성품이나 성실에 완전히 천사표로 1등 신부감으로 빼어난 칭찬을 받는데 유독 바로 밑의 동생에게는 인정을 받지 못한다.

그 동생의 불만은 "언니는 다른 사람들에게는 그렇게 아름답고 품위 있는 헌신으로 행동하면서 왜 가장 가까운 자신에게는 그렇게 비인간적이냐?" 하는 것이었다. 집에만 들어오면 그 천사표 언니는 잔심부름에다 자신이 할 수 있는 일까지 죄다 몰아 동생을 부려 먹는다는 것이다.

그리고 동생의 언행에 대해서는 그렇게 용서가 인색하고 매사에 치사할 정도로 신경질적이고 옹졸하다는 것이다.

그 때 필자는 그 오누이에게 "인간의 내면을 이해한다면 언니의 그 천사와 악마의 야누스적인 행동은 너무나 자연스럽고 당연한 것이다!"라고 말해 주면서 기도해 주고 격려해 준 적이 있다.

세상에는 절대적으로 선한 사람도 없고 또 절대적으로 악한 사람도 없다. 선과 악의 그 대칭과 조합에서 힘의 균형의 차이는 있겠지만 절대적으로 한 쪽에 정복되어 있는 사람은 없다는 말이다.

모든 사람에게 천사표인 그 자매의 마음속에도 한 켠에는 미워하고 싶고 파괴하고 싶은 부정적인 본능이 웅크리고 있는데 그 눌려 있던 부정적인 에너지가 편한 대상인 동생을 만나 자연스럽게 투사되고 표출된 것뿐이라는 것이다.

천사와 같은 그 자매의 반대의 경우도 마찬가지이다.

잔혹한 조직폭력배들도 때로는 위험에 처한 사람들을 구출해 주는 의협심을 발휘하기도 하고 또 가족이라든가 부하중의 누군가에게는 자신의 한 켠 따뜻한 인간미를 투사시킬 특정인을 설정하고 지속적인 정을 베풀기도 하는 것이다.

그런 면에서 본다면 이 땅의 모든 남편들이 거의 아내에게서 '밴댕이 속'이 되는 것도 전혀 이상할 것이 없는 자연스런 현상이라고 할 수 있겠다.

가정 밖에서 관계를 위해서 아량을 베풀고 힘껏 좀 위장되게 배포가 부풀려진 그 마음이 정작 모든 긴장이 풀어지는 가장 편한 자신의 한 몸인 아내에게는 그 반사의 에너지가 투영, 좁쌀

만큼도 못하게 치사해지고 좁아지는 것이다.

　이런 심리기제는 누구에게나 있는 것으로 지극히 일반적이고 정상적인 것이라고 할 수 있다.

　이런 심리기제(심리적으로 반응하려는 인식)로 볼 때 그래서 또한 가장 가까운 사람에게 지극정성으로 천사처럼 잘하는 사람은 일정한 거리 밖의 사람들에게는 비인간적으로 대할 가능성이 그만큼 커지는 것이다. 물론 이 양면 모두에게 성실한 사람들도 얼마든지 있을 수 있겠지만.

　어쨌든 사람이 가까운 사람을 사랑한다는 것은 이와 같이 실제로는 참 어렵다.

　오늘날 부부의 관계에서 교과서적으로 '대화' '대화' 하지만 이런 심리기제의 역학아래에 갇혀 있는 인간의 내면을 통찰한다면 실제로 대화라는 것에는 매우 많은 장애가 있다는 것을 쉽게 알 수 있다.

　실제로 대화의 가치와 중요성을 잘 몰라서가 아니라 관련 치유 프로그램을 몇 개씩을 소화해 낸 가정이라도 대화가 현실적으로는 부족한 현상들은 이로써 일면 설명이 된다.

　그래서 이런 현상들을 두고 어떤 사람은 심지어 우스개 소리로 부부사이에서 대화라고 하는 것은 전설에 가까운 것이다 라는 말까지 하는 것이다.

　오죽했으면 도스토예프스키의 소설에도 이런 문장이 나올

까? "---때로는 멀리서도 사랑할 수는 있지만 아주 가까이 있는 사람을 사랑한다는 건 거의 불가능한 일이야"(까라마조프가의 형제들) 사랑에 대해서 우리가 다 냉소적이 되자는 의미로서 필자가 이런 글을 쓰는 것이 아니다. 사랑이 중요한 만큼 그 자리의 현실을 명확히 이해하는 것도 또 하나의 책임 있는 사랑이 된다고 믿는 믿음에서 이런 생각을 해 보는 것이다.

　　사랑의 증거자인 우리가 다른 이들에게는 사랑을 말하면서 그 스스로가 사랑에 가득한 생활을 하지 않는다면 무슨 소용이 있겠는가? 비록 자주 흔들리고 넘어지는 가운데서라도 그리스도의 오래 참는 사랑을 잃지 않도록 간절히 기도하며 노력해야 할 것이다.

　　모든 사고와 행위에 있어서 어느 누구에게라도 사심없고 아낌없는 사랑으로 행한다면 우리의 모든 삶은 항상 하나님 나라의 형상을 이루며 살아갈 것이다.

　　이것이 바로 진정한 의미에서의 신앙의 삶이 아니겠는가?

　　어쨌든 우리는 위로부터 오는 지혜와 능력으로 가장 가까운 사람도 편하게 사랑할 줄 알아야 할 것이다. 그래야 하나님으로부터 인정을 받지 않겠는가?

우리 안의 유아심리

남자들은 대개 강한 척 할 뿐이지 실제로는 의외로 약한 면이 많다. 마치 공작새가 날개를 힘껏 펼쳐 자신을 과장하듯 남성들도 밖에서는 온갖 위세와 허풍을 떨고 다닌다.

-
-

사람이 나이가 들어 늙으면 어린 아이가 된다고 한다.

쬐그만 일에도 잘 삐지고 기력이 쇠하다 보니 주변 사람들에 대한 의존심리가 쌓여만 간다.

아무리 나이가 들어도 사람이라고 하는 기본 동물적 욕구의 폭은 실제로 별로 줄어들지 않았는데 가족들에게도 신체가 외형적으로 쇠퇴했다는 이유로 그 동물적인 욕구들마저 말라버린 허수아비로 쉽게 취급되곤 한다.

심리학자들의 보고가 아니더라도 노인의 욕구는 '노욕'이라는 말이 말해주듯 오히려 더 집요하고 집착적일 수 있고 미각에 대한 욕구는 물론 성욕 또한 젊은이들이 생각하는 것 이상으로 만만치 않게 살아 있는 것을 보고 우리가 놀라는 경우가 많다. 흡사

화롯불처럼 겉은 회색의 재와 같이 죽은 듯 보여도 안은 뜨거운 속 불로 고스란히 살아있는 것이다.

이런 모순과 양면의 얼굴에서 노인 분들은 쉽게 어린아이가 되었다가는 곧 신선이 되는 미묘한 심리를 보인다.

이런 노인 분들에게 그러므로 만만하고 쉽게 젊은이의 논리로 대했다가는 여러 어려움을 자초할 수 있다. 비단 노인들 뿐 아니라 아이가 되는 것은 청장년 중년들도 마찬가지이다.

흔히 가정에서 여자들은 남자들을 곧잘 어린아이에 빗대어 말하기를 좋아 하는데 바로 남성들의 유아 심리를 간파하고 하는 말들이다.

남자들은 대개 강한 척 할 뿐이지 실제로는 의외로 약한 면이 많다. 마치 공작새가 날개를 힘껏 펼쳐 자신을 과장하듯 남성들도 밖에서는 온갖 위세와 허풍을 떨고 다닌다.

성격과 기질에 따라 어떤 사람들은 눈에 빤히 보이는 유치한 수준으로 부풀리고 또 어떤 사람들은 잘 안 보이게 교양과 문화적 포장으로 엉큼하게 크게 든 작게 든 과장을 한다.

크고 높아 보이게 부풀리는 것이 명예 욕구를 만족시켜 주고 그것이 또한 생존에 유리하기 때문일까?

어쨌든 남자들은 어떤 식으로든 관계에서 변장, 위장, 무장의 명수들이다.

한편, 이렇게 밖에서 위장하다보면 그 위장의 허위를 위해

많은 심적 긴장과 에너지를 소비하게 되는데 팽팽해진 이런 남자의 스트레스는 안에서 풀어져야만 한다. 조여만 왔던 긴장이 안에서 풀리는 이 과정에서 남자들이 쉽게 본래적으로 약한 그 원시적인 유아 심리로 돌아오는 것이다.

대개의 여성들이 자신의 남자만이 속 좁아 보이고 치사해 보여 다른 가정의 경우와 쉽게 비교가 되어 속상해 하지만 사실은 그 치사한 모습이 보편적인 남성들의 가장 정직한(?) 모습임은 잘 알지 못한다.

그렇다면 여성들에게는 유아심리가 없을까? 위에서 필자가 남성들의 유아심리를 고발(?)했지만 유아심리로 말하면 여성들의 경우는 단연 남자들 보다 한 수 위임은 우리가 매일 경험으로 아는 사실들이다.

여성은 심리적으로도 남성의 보호와 힘에 의존해 있으므로 (오늘날의 후기 산업사회에서는 오히려 거꾸로 되어갈 정도이지만) 많은 면에서 상대적으로 수동적이어서 보호받고 사랑을 받는데 익숙해져 있다. 그러니까 처음부터 여성은 보호받고 돌봄을 수동적으로 받는데서 만족과 행복을 느끼는 유아적 심리기제를 안고 있는 것이다.

남성의 경우는 일면 나타나는 유아심리가 남성의 능동적으로 책임을 지는 보호자의 이미지에서 상대적으로 돋보여서 달콤한 유머와 위트의 소스가 되지만 여성의 유아심리는 원래 그런 것이므로 잘 느껴지지는 않는다. 그렇지만 실제로는 훨씬 넓은 국면에서 유아심리를 보이는 쪽은 여성인 것이다.

그러고 보면 진짜 '어린 아이'는 남성이 아니라 여성들인 것이다.

이렇게 되면 결국은 어떤 성별, 어떤 연령대이든 우리 인간 모두는 현실적으로 그 내면에 유아심리를 안고 있는 것이 된다. 이 사실은 심리학자 정신의학자들의 보고와 일치하는 우리 인간들의 진실들로 보인다.

프로이드도 융도 프롬도 인간 내부에 잠재해 있는 광범위한 유아적 심리를 지적한 적이 있지 않는가?

그렇다면 이 유아적 심리가 창궐하는 우리 인간들의 관계에서 유능한 사람은 어떤 사람일까? 모든 사람들을 아이를 다루듯 잘 만져주고 안아 주고 얼러 주고 격려해 주는 사람이 아닐까?

그래서 도스토예프스키의 소설에 나오는 이런 이야기에 사람들이 환호하고 공감을 표시하는 것이 아닐까?

"--- 어느날 장로께서 이런 말씀을 하셨습니다. '인간이란 어린애처럼 늘 돌봐 주어야 한다. 그리고 어떤 사람에 대해서는 병원에 있는 환자처럼 돌봐줄 필요가 있다'고 말입니다---."

"아아, 알렉세이 표도르비치, 정말 그래요. 우리 환자들을 돌보듯이 인간을 돌봐 줍시다!"

우리는 죽어서 어떤 유산을 남겨야 할 것인가? 많은 재물? 대대로 안락한 삶을 누릴 수 있는 훌륭한 기업? 이런 것들보다 귀한 유산이 있다면 그것은 지극히 작은 것으로 하늘에 보물을 쌓아 두는 것이다. 이 보물은 썩지 않는 영원한 보물이니 연약한 우리와 같은 주변 이웃을 사랑하는 삶이다.

　우리에게 반드시 많은 재물이나 재능이나 높은 지위가 있어야 훌륭한 유산을 남길 수 있는 것은 아니다.

　우리가 이 세상을 살아가는 동안 건강과 시간과 정열을 바쳐 하나님을 사랑하듯 인간을 사랑하는 삶(서로를 돌볼 때)을 살 때 그 자체가 아름다운 유산이 될 것이다.

바뀌어져야 할 설교학

치열함보다는 여유와 여백을 다이내믹한 대칭적 정열보다는 서로에게 부딪힘을 줄여 주는 스폰지 공간이 더 절실해진 시대로 변한 것이다. 그래서 요즘의 설교들은 감성적인 감동과 잔잔한 힘들을 뿜어내는 이미지로 변해 가는 것을 볼 수 있다.

일전에 이론과 현실의 실제에 괴리가 있는 대표적인 영역이 바로 설교학 분야임을 피력한 적이 있었다.

오늘의 주제도 바로 설교학 분야의 내용이다.

오늘날에는 설교자의 실력들이 대개 평준화 되어 있어서인지 비율이 좀 낮아졌지만 그래도 담임목사의 설교는 아직도 교회 선택의 중요한 기준점이 된다.

오늘날 현대 교회들이 예배의 강단에 미디어를 비롯한 많은 문화적인 재료와 이벤트들을 활용, 다변화를 추구하고 있지만 그래도 예배의 얼굴은 말씀이라는 인식에는 변함이 없다.

그렇다면 이왕 오랫동안 믿고 다닐 교회라면 그래도 들어도 아깝지 않은 설교, 마음을 신선하게 적셔줄 설교, 감동을 경험하게 해 주는 설교가 쏟아지는 강단을 사람들은 찾게 될 것이다.

오늘날의 설교는 크게 보면 감성적인 코드로 변화해 가는 뚜렷한 경향성을 보인다.

한국교회가 한창 팽창해 가던 6,70년대는 오순절 계통의 강단이 잘 보여주듯 강력한 파워를 느끼게 해 주는 부흥설교가 주류를 이루었다.

구겨지고 얼룩지고 상처받은 가난과 병마에 영혼육이 눌려 있던 힘겨운 역사 속에 침잠해 있던 민중들에게 강한 영적권위의 이미지를 통해 떨어지는 소망과 격려, 치유, 영적 부요의 메시지는 최고의 행복한 내면을 경험하게 하는 고감도의 카타르시스였다. 세상이 워낙 우울증 환자의 병색처럼 색깔이 없는 회색의 시대요 역사의 질곡 속이었던 만큼 강단에서 긍정적인 시각을 열어 주는 것만으로도 입신하고 뒤집어 지던 시대였던 것을 우리는 알고 있다.

광범위하게 억압되어 있던 인간으로서의 신분적 변화와 상승의 욕구에 대비되어 은사적 권위가 짙게 묻어나는 걸쭉한 축복의 메시지는 그만큼 암울한 시대의 사람들의 내면에 맞아 떨어졌고 그렇게 맞아 떨어졌던 만큼 깊게 어필되었던 것이다.

그런 영적인 권위는 성경말씀에 충실하게 매치되게 전달되었을 때 그 효과는 더욱 증폭되고 극대화 될 수 있었는데 사경회로 대표되는 성경본문 중심의 부흥회가 그래서 그렇게 폭발적인 힘을 발휘했던 것이다.

강단에서 칠판이 등장하던 시기도 이 시기였던 것을 우리는 알고 있다. 이러한 6,70년대식의 파토스의 유산이 아직도 우리의 몸에 저변으로 짙게 남아있지만 한국교회의 강단도 이제 뚜렷하게 감성적인 코드로 바뀌어져 가는 변화를 보인다. 상황이 많이 달라진 것이다.

50여년 만에 한국사회의 힘이 비약적으로 뛰어올라 세계10위권 이내에 들고 경제적 여건도 과거의 못 배워 한 맺히고 어렵던 곤궁의 시대는 극복되고 흑백만의 색깔들이 무지개 빛들로 다채롭게 바뀐 것이다.

문화적 배경과 환경이 크게 달라진 만큼 이제 사람들의 말씀에 대한 욕구도 당연히 그만큼 차원이 달라진다.

이제는 파워보다는 감성을, 더 가지고자 하는 욕구보다는 가지고자 발버둥 쳤던 그 욕구에 대한 순화와 치유를 필요로 하는 시대로 뒤바뀌어진 것이다.

치열함보다는 여유와 여백을 다이내믹한 대칭적 정열보다는 서로에게 부딪힘을 줄여 주는 스폰지 공간이 더 절실해진 시대로 변한 것이다. 그래서 요즘의 설교들은 감성적인 감동과 잔잔한 힘들을 뿜어내는 이미지로 변해 가는 것을 볼 수 있다.

미국 새들백 교회의 릭 워렌의 설교는 이런 감성 설교의 대표로 볼 수 있다. 듣다보면 같은 십자가의 보혈에 대한 설교를 들어도 청중들은 자신들의 내면들에 대하여 개인적인 돌봄과 만져짐을 경험하고 순화와 치유의 여백을 경험하면서 행복해 지는 것이다. 오늘의 현대인들은 그런 감성을 필요로 하고 찾는다.

이런 형식의 변화의 흐름에 나타나는 또 하나의 설교의 형식가운데 하나는 대화형 설교이다. 과거의 외면적 성장욕구가 전인적 성장이라고 하는 다른 차원의 내면적 욕구로 대체되자 이에 대한 반응으로 인격적 성장을 터치해 주고 만져주는 메시지로 변화를 주는 것이다.

이 형식의 설교에는 경영이나 공감할만한 지식들이 메시지에 양념처럼 가미되고 설교의 전달에서도 소통이 가능한 공감대를 중요시 여긴다. 곧 설교라고 하는 메시지의 고유 권위보다는 청중과의 교감, 소통을 중요시 하는 것이다.

이런 설교의 장점은 믿지 않는 사람들에게도 들린다는 장점이 있고 또 신앙의 레벨과 관계없이 다 통할 수 있다는 특징이 있다. 그리고 설교를 들은 사람들에게 그래도 좋고 유익한 어떤 것을 건지고 간다라고 하는 아깝지 않은 마음을 경험하게 할 수 있어 유리하다. 대신 설교자의 엄청난 공부와 연구가 뒷받침 되어야 한다.

J목사의 스타일들이 그것이다.

어떤 사람들은 이런 말랑말랑한 변화들을 물타기 식 인본주의의 무력한 차원으로 평가절하하기도 하지만 필자가 보기에는 그렇게 단순한 것만도 아니다. 감성과 소통이 가능하려면 말과 언어가 미끄럽고 청중을 쥐락펴락 하는 현란한 기술만으로 되는 것이 아니다. 그것 또한 깊고 뜨거운 기도와 영성의 지반을 일상적으로 확보해야만 통할 수 있는 것이다.

변화를 추구하는 현대 교회의 설교자들은 다행히도 이 기본 원칙들을 잘 알고 있다.

교회와 강단이 미디어화 되고 현대화 될수록 평행으로 과거 영적인 권위를 갈구하던 성령의 시대 이상으로 뜨겁게 성령충만을 추구하고 있는 그들의 경향을 보아서도 이 사실은 증명된다.

이와 같이 오늘날 설교학이라고 하는 틀에 박힌 박제화된 형식은 실제의 강단에서는 무너진 지 오래이다. 대지의 구분이니 소대지의 틀이니 하는 전통적인 딱딱한 형식의 시대는 지났다는 말이다.

변화와 달라진 사람들에 대하여 보다 힘있게 해석하고 그것을 넘어 비전을 담고 제시해 줄 새로운 설교학의 틀이 필요한 것이다. 필자는 말씀의 언어를 청중의 욕구에 시녀처럼 무조건 맞추어져야 한다는 상황의 논리를 설파하고 있는 것이 아니다.

다만 청중의 상황을 객관적으로 이해하고 그 객관에서 결국은 청중의 귀에 들리는 설교의 소통점과 통로를 찾아내어 보다 효과적으로 복음을 전하고 그들을 말씀으로 변화시키는 통하는 설교를 말하고 싶을 뿐이다.

part 5

21 · 신앙이 전부이지만 맹신은 신앙이 아니다

22 · 사람도 사회도 치유가 필요하다

23 · 존 데이비슨 록펠러의 경우

24 · 행복하십니까?

25 · 정치인의 순교

다이돌핀이
　　주는 지혜

신앙이 전부이지만
맹신은 신앙이 아니다!

오히려 올바른 신앙은 현실을 현실로서 존중할 줄 알고 그러면서도 그 현실을 건강하게 뒤집을 수 있는 믿음을 이해하고 그 역동성을 유능하게 선용하고 누릴 줄 안다. 여기에 믿음과 현실 간의 생산적인 균형과 긴장이 가능해 진다.

16세기 마르틴 루터와 동시대의 급진 사상가이자 설교자였던 토마스 뮌쩌를 우리는 기억하고 있다.

보수계열의 신학은 개신교 신학으로의 터닝 포인트로 루터를 매우 중요하게 주목하지만 진보계열에서는 분명 기득권과 기존의 질서와 타협하고 사회적 변동에 대해서 소극적인 태도를 보였던 루터보다는 오히려 개혁사상과 더불어 행동하고 참여하는 구체적인 투쟁을 보였던 그에게 더 관심을 보이는 바로 그 뮌쩌를 생각나게 한다.

그는 행동하는 설교자로 당시의 불의한 지배집단에 대항해서 농민들을 규합 반란을 일으켜 세상을 뒤집고자 했다.

그가 얼마나 능력 있는 설교자였든지 대거의 농민들로 자신을 따르게 했고 독일 군주들과 대 격전을 벌이는 날에는 하나님의 뜻인 이 전쟁에 참여하는 사람들에게 적군의 무기로부터 전혀 상처를 입지 않을 것이라고 설교를 했는데 농민들이 그 설교에도 전적인 맹신의 반응을 보일 정도였다.

그는 분명 자신의 운동이 전적으로 하나님이 지지해 주시는 사역으로 알았고 그런 자신의 뜻에 동참하는 농민들은 특별히 선택된 '성도'들로 알았다. 그런 카리스마와 하나님을 향한 특별한 열정이 계란으로 바위치기와 같은 농민운동을 시도하게 했던 것이다.

드디어 전투 당일 그렇게 의미심장한 확신에 힘껏 고무된 농민군들은 지축을 박차고 싸움터로 나갔지만 결과는 참혹했다. 화살과 포탄이 피해가기는커녕 6,000여명이나 되는 농민이 죽었고 계속되는 전투에서 600명이 포로가 되어버렸다. 살아서 도망한 농민은 거의 없이 전멸해 버린 것이다.

또 하나 생각나는 에피소드가 있다.

무슬림들에 의해 팔레스타인 일대가 전부 아랍인들의 수중에 정복당하자 로마 교황의 이름으로 선포되고 추진된 십자가군 전쟁 때의 일이다.

성지를 단순한 지리적 개념으로 절대시했던 믿음으로, 빼앗겼던 성지를 되찾자고 하는 것은 당시로서는 지고지순의 명분이었다. 그때 수많은 젊은이, 내노라 하는 기사들이 엄청난 거리의 원정임에도 불구하고 자발적으로 참여하게 되었는데 그때 그들 중의 대부분은 경비나 음식, 돈 같은 것을 준비하지 않았던 것으로 알려져 있다.

이렇게 거룩한 뜻의 전쟁에 자발적으로 참여하는데 하나님께서 모든 필요를 채워주신다는 믿음에서였다.

성전을 이교도의 손에서 되찾자는 순수 믿음의 전쟁에 두 벌 옷도 필요 없고 전대도 필요 없이 오직 하나님만 믿고 나가기만 하면 된다는 거였다.

수많은 약탈과 도둑질로 점철되는 긴 십자군의 얼룩진 원정은 이렇게 출발부터 이미 예정되어 있었던 것이다. 진리에 근거하지 못한 그 어떤 확신과 믿음도 잔인한 거짓이 될 수 있다.

토마스 뮌쩌나 십자군 전쟁의 온갖 추악했던 중세 교회의 수많은 정략들의 예가 보여 주는 것처럼 자신들로서는 그 명분과 신념이 분명한 하나님의 뜻이라고 믿고 싶었겠지만 거룩하신 하나님은 그렇게 만만하게 속지 않으신다.

이미 역사가 검증해냈듯 그 '뜻'에는 특정인의 탐욕과 특정 입장의 이기심, 개인적인 기질, 욕구들이 잔뜩 믹서 되어 있었던 것이다.

또 이런 경우가 생각난다. 몇 년 전 어떤 대형교회의 목회자가 사회적인 스캔들로 법정에 서게 되자 그 교회의 기도꾼이나 한다는 믿음 좋은 여전도회 권사님들이 몰려가 일대 소란을 벌였다.

'하나님이 귀하게 들어 쓰시는 주의 종을 어떻게 그렇게 불경스럽게 핍박을 할 수 있느냐?' 는 것이 그 분들의 공분이었다.

세속의 법정에 항의하러 나가면서도 기소를 당한 건에 대한 합리적인 반박자료나 어떤 해명서 같은 것은 전혀 없이 순수한 자신들의 지극히 주관적인 교회 논리, 즉 '주의 종을 핍박하면 다친다' 는 식으로 항변을 하고 생떼를 썼으니 오히려 그 목사님의 명예에 누만 덧씌운 그림이 되고 만 웃지 못할 에피소드였다.

믿음의 사고에서 신앙이 전부이지만 맹신은 신앙이 아니다. 신앙과 현실은 같은 국면에 맞물려 돌아가는 부분도 있지만 다른 배면으로 완전히 다른 차원을 이루기도 한다.

메마른 현실에 대해서 신앙은 그 신앙의 초월적 생명력과 비전으로 남다른 의미를 부여하고 목적의식을 경험하게 하여 현실을 보다 힘 있게 소화하고 변혁해 내게 하는 특별한 권능을 행사하지만 그렇다고 해서 신앙이 현실의 모든 국면에서 만능의 마술을 부리는 것은 아니다.

그래서 사람들은 오랜 교회사의 시행착오 끝에 이런 다른 차원을 이해하고 '정교 분리의 원칙' 이라는 황금률(?)을 만들지 않았는가?

오히려 올바른 신앙은 현실을 현실로서 존중할 줄 알고 그러면서도 그 현실을 건강하게 뒤집을 수 있는 믿음을 이해하고 그 역동성을 유능하게 선용하고 누릴 줄 안다. 여기에 믿음과 현실간의 생산적인 균형과 긴장이 가능해 진다.

우리의 신앙이 만일 위의 에피소드들의 경우가 잘 보여 주는 것처럼 믿음과 맹신의 차원이 분간이 잘 안될 정도로 몰이성적으로 쏠렸다면 이미 우리의 믿음은 미신과 구별이 어려운 것이다. 우리가 우리의 사고에서 그런 신뢰하지 못할 불균형을 보인다면 사람들은 당연히 우리들을 향해 불신과 혐오의 이미지를 쌓을 것이다.

보다 힘 있는 생각이 늘 아쉽다. 우리가 지금까지 육신의 연약함에 굴복하여 믿음대로 쫓아 행하지 못했다면 우리는 하나님께 기도해야 한다. 그렇지 않고 맹목적인 신앙에서 벗어나기 위해 우리 스스로 노력한다면 위와 같은 끊임없이 실패를 맛보게 될 것이다.

성령께서 우리에게 임하셔서 예수님과 하나되게 하시고 하나님의 뜻을 분간할 수 있게 하실 때에라야 비로소 우리 자신의 내면의 욕심에 머물지 않고 하나님의 영광을 위해 풍성한 열매를 맺을 수 있을 것이다.

진정 하나님이 무엇을 원하시는지 우리는 예수님의 겟세마네에서 하신 주님의 기도가 내 기도가 되도록 힘써야 할 것이다.

사람도 사회도
치유가 필요하다.

성경적으로 보면 사람은 죄에 치명적으로 오염되어 있고 그 죄성에 침투된 인간들로 구성된 사회 또한 깊이 죄에 물들어 있다. 그러므로 개인과 사회는 언제든지 오류에 떨어질 수 있고 병이 들 수 있다. 그래서 개인은 물론이거니와 그 집합체인 사회도 끊임없이 절대 진리 앞에 투사되어야 하고 그 힘에 의해 치유되어야만 한다.

-
-
-

    실존주의의 문을 열어젖힌 덴마크의 청년 철학자 죄렌 키에르케고르는 평생을 인간의 불안과 자아를 말했다.

    당시의 세계에 풍미하던 독일 관념론이 헤겔의 종국에 이르면서 점차 절대자의 초월 대신 지적 체계이니 사회니 국가나 정의의 진보 같은 세계내적 개념들로 대체, 구조화되자 한 점 미세한 먼지로 전락하게 한 사람 한 인격인 개체의 위치가 매우 불안했던 것이다.

    헤겔식의 세계관으로 한다면 의미가 충만하고 자신과 환경을 적극적으로 건강한 생명과 생동력으로 변화시킬 살아있는 개인의 자각과 그 자리는 희석되고 없어지고 만다.

    하나님과 대면하고 그 역동적 관계에서 생산되는 인간의 감격과 존엄이 그 하나님을 헤겔처럼 지적 체계이니 사회이니 역사의 완성이니 하는 눈에 보이는 유한으로 대체되어 버리면 인간은 더 이상 자신을 이기고 역사를 변개시킬만한 자기 확신, 즉 건강한 자아를 만들지를 못한다.

무한하신 하나님은 그 관계에서 개인을 살아 역동하는 감격의 개체 인격을 만들 수 있으시지만 아무리 보기에 훌륭하고 좋은 것이라도 사람에 속한 유한한 관념이나 지적 체계는 유한인 이상 사람을 영이 살아있는 개체를 만들어 낼 수가 없다.

이 역학관계를 인간의 전적인 타락을 이해하지 못하고 별로 인정하지 않는 헤겔철학은 전혀 주목하지 않는다.

인간에 대한 사랑과 책임 있는 태도로는 그러므로 헤겔의 비인격적인 세계관은 용납될 수 없는 일이다.

만일 헤겔과 같은 사유나 철학이 세상을 지배한다면 살아있는 인간은 점차 사라지고 생물학적 차원에 갇힌 사고나 이념이니 하는 피상적인 관념에 자신의 내면과 자아를 투사시킨 변형된 우민들만 우글거리게 되고 말 것은 불을 보듯 뻔하다. 이것은 매우 절망적이고 위험한 일이다.

이 메마르고 건조하게 공허로 굳어져 가는 철학과 그 세계사적 흐름에 키에르케고르는 개인의 주체적 발견과 각성을 일깨우며 목소리를 높인 것이다.

이러한 키에르케고르의 우려는 결코 기우가 아니었던 것을 우리는 잘 알고 있다.

　　실제로 헤겔이후의 세계는 그가 예견한 대로 존재하지도 않는 관념이나 체계, 국가 사회주의, 변증법적 환상에 몽환적으로 휘둘려 개인의 인격과 의미를 묻지 못하는 복제인간들의 세상으로 발전하지 않았는가?

　　곧 히틀러의 국가사회주의, 제1,2차 대전, 마르크스와 그 추종자들의 무모하고 허망한 실험들, 그리고 산업사회와 도를 넘어 인간을 황폐화 시키고 있는 기계문명의 이기---.

　　그러면 왜 이렇게 인간과 세계는 너무나 어이없게 왜곡되고 그리고 쉽게 오류에 빠질까?

　　이왕 키에르케고르 이야기가 나왔으니 이에 관한 그의 흥미있는 말을 들어 보자.

　　"만일 배 안에서나 군대에서 폭동이 일어나게 되면 죄인의 수가 너무 많기 때문에 처벌은 단념하지 않을 수 없다. 또한 대중이, 영예를 지니고 있는 교양 높은 대중이, 혹은 국민 전체가 죄를 범죄를 저지른다면, 그것은 범죄가 아닐 뿐 아니라, 복음서나 계시처럼 우리들이 의지하게 될 신문을 통하여 신의 의지로 나타날 것이다."(키에르케고르,〈죽음에 이르는 병〉) 곧 인간의 사회가 쉽게 오류에 빠지는 이유는 집단이나 대중이 신의 뜻이라고 하는 그릇된 상대적인 논리와 그 믿음에 기인한다는 것이다.

　　이렇게 무조건 대중이 옳다는 상대적인 논리를 따른다면 예컨대

'모든 인간이 죄를 지었다'(롬3:23)

는 성경의 원죄 교리도 전체 인간들이 다 인정할 수 없고 믿을 수 없는 것이라고 해 버리면 그것은 모든 사람에게 주장할 수 있는 사실이 아닌 것이 되어 버리는 것이다. 절대적인 기준이나 표준을 상실하고 사람과 사람이 서로 기준이 되는 이런 식의 편한 사고로 나아가 버리면 문제는 심각해질 수 있다.

개인은 자신의 죄성과 허무를 걸고 넘어설 절대적인 좌표를 경험하지 못한 채 치명적인 혼란에 빠지게 되고 사회와 전체는 헤겔의 세계관의 현상이 보여 주는 것처럼 언제든지 뒤틀리고 왜곡이 될 수가 있게 된다.

절대적인 사실은 어디까지나 사실이며 그 사실의 권능과 가치는 다수의 힘에 의해 부정된다고 해서 없어지는 것이 결코 아니다.

이 절대의 논리를 무시하면 결국 사람의 존재가 설명될 수 없고 나아가서는 인간의 조건, 존립이 위태로워진다. 그래서 절대적인 기준이 없는 인간과 사회, 자신의 논리를 넘어설 객관적 표준이 없는 사회는 위험한 것이다.

이러한 점을 당장 눈에 보이는 것만 믿는 사람들은 미련하게 잘 헤아리지 못한다. 문자 그대로 '어리석은 자는 그 마음에 이르기를 하나님이 없다'고 하는 것이다. 다시 말하지만 전체가 반드시 옳다고 하는 것은 진실이 아니다.

성경적으로 보면 사람은 죄에 치명적으로 오염되어 있고 그 죄 성에 침투된 인간들로 구성된 사회 또한 깊이 죄에 물들어 있다. 그러므로 개인과 사회는 언제든지 오류에 떨어질 수 있고 병이 들 수 있다. 그래서 개인은 물론이거니와 그 집합체인 사회도 끊임없이 절대 진리 앞에 투사되어야 하고 그 힘에 의해 치유되어야만 한다.

문제 있는 조직이 조직 밖의 전문적인 컨설턴트에게서 진단을 받고 치료를 받아야 하듯 유한한 인간과 사회도 위로부터 지속적인 컨설팅을 받아야 하는 것이다.

즉 전지전능하신 하나님 한분만 인간과 사회를 치유 할 수 있다.

록펠러의 경우

하나님의 축복으로만 포장되었던 그의 부는 사실 뜯어보니 비밀 카르텔 형성과 수를 헤아릴 수 없는 리베이트 제공으로 확장되어 나간 것이었으며 그 과정에서는 정치권 매수, 경쟁업체 협박 등의 온갖 권모술수가 기본적으로 자행되었던 것으로 밝혀졌다.

존 데이비슨 록펠러 (John Davison Rockefeller.1839-1937)!

지금까지 우리 한국 강단에서 축복을 설교할 때 가장 많이 예화로 등장했던 인물이 아닌가 한다.

절대빈곤에 눌려 있던 우리의 근대사와 전쟁의 참화, 그리고 6,70년대의 근대화 운동에서 우리도 한번 잘 살아 보자! 라고 하는 다이내믹한 분출과 흐름에 신앙인이며 그 신앙의 비전으로 최고의 부자가 되었던 거부 록펠러는 교회의 강단에서도 적시타로 어울리는 최고의 인물이었다.

먹고 살기, 살아남기가 삶의 핵심과제였던 시절에 그의 이름은 신앙인에게는 삶의 위로 그 자체요 절망에서의 도피처 그 자체였다.

그의 전설적인 십일조 이야기는 부흥회 셋째 날이면 어김없이 등장하는 단골메뉴였고 그 자장면 같이 뻔한 메뉴에도 신앙인들은 눈물을 흘리며 듣고 또 들었다.

그의 믿음 좋은 유대인 출신의 록펠러 어머니가 들려주었다던 유훈 10가지는 웬만한 그리스도인들은 다 줄줄 외우고 있을 정도로 잘 학습이 되어 있다.

① 하나님을 친 아버지처럼 여기라

② 목사님을 하나님 다음으로 섬겨라

③ 주일예배는 본 교회에서 드려라

④ 오른쪽 주머니는 항상 십일조 주머니로 하라

⑩ 예배시간에 항상 앞에 앉으라.

최근에도 출판되었던 〈록펠러(십일조의 비밀을 안 최고의 부자)〉도 기독교 서적물에서 예외 없이 베스트셀러에 랭크되었던 것을 보면 아직도 그의 신화는 사그라들지 않았음을 알 수 있다.

작은 회사의 말단 사무원으로부터 시작하여 30대 초반에 이미 백만장자의 반열에 자신의 이름을 올렸던 록펠러!

미국 전체 석유의 95%를 독점, 부의 극치를 이루었던 그의 재산은 현재의 돈값으로 환산하면 빌 게이츠의 무려 3배에 이른다고 한다.

그런 상상을 초월하는 부를 거머쥐었음에도 98세까지 살았으니 그만큼 터지는 축복을 누린 사람이 이 지구상에 또 있을까? 그러면서도 그의 삶은 여느 부자와는 판이하게 달랐다고 하니 더 감동적이다.

비즈니스에서는 차가운 얼음장처럼 날카로웠지만 사생활에서는 거의 수도자의 삶에 가까웠다고 한다.

근검절약, 근면 성실은 그의 트레이드 마크였고 호색한의 이미지가 떠오르는 부자와는 거리가 멀게 그는 철저하게 술과 담배 여자를 멀리하는 금욕의 모범을 보였다.

평생 일기를 쓰듯 회계장부를 썼고 어머니의 유훈대로 십일조를 면도날처럼 지켰다. 그의 재정 팀에 40명의 십일조 특별 전담부서를 운영할 정도였으니 그를 두고 그 깨끗한 열정의 청교도 정신의 화신 그 자체라고 말하는 것이 무리는 아닌 듯하다.

이런 금욕과 근검 사회봉사는 또 그의 당대로 그친 것이 아니라 그의 외아들 록펠러 2세에 이르러는 더 철저한 금욕과 모범으로 계승 발전되었으니 교회의 강단에서 다투듯 그를 말하고 그의 가문을 말하는 것은 당연한 것이었다. 하지만 그것이 진실의 전부였을까?

교회의 강단에서 십일조로 축복을 받은 신앙인의 영웅으로 그의 이름이 입이 마르게 오르내리고 있는 동안 세속의 지식에서는 이미 그의 신화에 균열이 가는 정보와 사실들이 속속 밝혀지고 정리되고 있었으니---.

하나님의 축복으로만 포장되었던 그의 부는 사실 뜯어보니 비밀 카르텔 형성과 수를 헤아릴 수 없는 리베이트 제공으로 확장되어 나간 것이었으며 그 과정에서는 정치권 매수, 경쟁업체 협박 등의 온갖 권모술수가 기본적으로 자행되었던 것으로 밝혀졌다. 문어발식 확장, 작은 기업의 기술 가로채기, 주가 조작 등, 10년 전쯤의 우리의 천박했던 한국 재벌들에 쏟아졌던 비난과 비판은 알고 보니 고스란히 그가 먼저 당해야 할 몫이었을 정도로 불의와 부패로 얼룩져 있었던 것이다.

심지어 그를 잘 알았던 루즈벨트 대통령까지 이런 말을 했다고 하니 사태는 보통 심각한 것이 아니다.

"그 부를 가지고 얼마나 많은 선행을 하든지 간에 그 부를 쌓으며 저지른 악행을 보상할 수는 없다!"

이쯤 되면 노쇠한 고목처럼 그의 신화도 유통기한이 다 된 것인가?

이제 사람들은 그의 전설에서 더 이상 감동을 경험하지 못한다. 많은 난관을 이겨내어 천문학적인 부를 쌓았고 십일조의 신화를 만들어 내고 헤아릴 수 없는 많은 선행을 했지만 이제 그는 그의 부가 진정으로 하나님으로부터 말미암은 것인가? 하는 회색의 화두를 던지는 처지로 내려앉는다.

여기에서 우리는 지금까지 그에게 열광한 우리의 신앙을 설명하고 신앙의 동기에 불을 붙여왔던 논리를 겸손히 점검해 볼 필요까지 느끼게 된다.

흔히 무엇이든 회의의 질문을 두려워하는 고착된 사람들은 이렇게 말할 수 있을 것이다. "세속적인 진실에 일희일비할 필요가 무엇인가? 그래도 그의 거부라고 하는 그 결과가 그의 축복을 증명해 주는 것이니 어쨌든 별 상관이 없다.

여전히 그를 십일조로 축복을 받은 축복의 화신이라고 믿는 논리에는 문제가 없다!" 하지만 그런 완고한 논리는 다음과 같은 질문의 벽을 피하기가 어렵다.

'그러면 하나님은 과정은 관계없고 결과만 축복이면 다 통하는 결과지상주의적 맘몬의 신이신가?' '신앙인들의 신관이 그러하니 오늘 교회와 그리스도인들의 삶과 행동에 원칙과 도덕이 빠져 있고 축복지상주의의 신앙행태로 빈축을 사고 있지 않는가?'

어쨌든 우리는 록펠러의 신화와 허상을 보면서 많은 것을 생각하게 된다.

자기 자신이 필요한 것이 무엇인지를 아는 것은 알 수 없는 미래를 바라보는 우리네들의 필수적인 사항이다.

그것은 위로부터 내리는 지혜의 힘이다.

성도가 해야 할 일은 먼저 그의 나라와 그의 의를 구하는 것이다.

정녕 우리가 미래를 위해 가장 필요한 것은 현실적이고 물질적인 것이 아니라 위로부터 임하는 지혜이다.

일천번제를 드린 솔로몬이 지혜를 구했다는 사실에서 우리는 중요한 교훈을 얻을 수 있다. 지혜의 근원은 하나님이며, 기도로 얻어지며 세상을 놀라게 하는 것이다.

솔로몬의 지혜는 솔로몬 자신을 타락으로 이끄는 덫으로 작용하고 말았다. 즉 세상의 모든 이치를 다 파악할 수 있을 것 같은 솔로몬의 지혜는 무슨 일에서든 더 이상 솔로몬으로 하여금 하나님 앞에 무릎꿇고 그분의 가르침을 기다리게 하지 않았다. 더군다나 솔로몬을 둘러싼 백관 유사들의 찬탄과 아부는 그로 하여금 자만심에 빠지게 하기에 충분하였을 것이다.

즉 솔로몬이 자신의 뛰어난 지혜가 하나님께로부터 온 것임을 망각하였을 때 그 지혜는 도리어 솔로몬을 실족케하는 걸림돌로 작용하고 만 것이다.

우리는 깨어 있어야 한다.

영적 무감각한 상태를 벗어나 예민하게 세상과 주변을 바라보아야 한다.

왜냐하면 하나님의 진노에 찬 현현이 우리 앞에 있어서는 아니 되기 때문이다. 모든 것을 빼앗아가는 것 뿐 만 아니라 우리 자신이 정녕 비극적이 됨을 기억해야 된다.

행복하십니까?

참된 행복은 하나님께서 친히 도와주시고 처소가 되어주시고 은혜를 내려주실 때만 누릴 수 있다. 우리는 바로 그러한 은총을 입고 있는 행복한 사람들이다.

"당신은 행복하십니까?"

"행복하다면 당신의 행복에 몇 점의 점수를 주고 싶습니까?" 필자는 신앙양육을 들어갈 때 항상 이 질문을 화두처럼 던진다.

특히 구원에 대한 확인, 학습이 끝나고 제법 신앙을 이해한 사람들에게 습관처럼 이런 질문으로 접근하기를 좋아한다.

"당신은 행복하십니까?" 라는 질문에 70점 정도이면 스스로 행복을 느끼고 성실하게 살 수 있는 정도는 된다. 70점 정도만 되어도 괜찮은 경지에 도달한 것이다. 80점 이상으로 높아지면 그 사람은 그 행복을 이웃에게 나누어 주어야 한다. 일반적으로 80점 이상으로 풍성해 지면 그 사람은 이웃과 타인을 행복하게 할 수 있다.

행복이 넘쳐나고 흘러 자연스럽게 주위의 사람들까지도 행복으로 물들게 할 수 있는 것이다.

어떤 사람은 모범 답안 같은 미끄러운 말만 하는데 왠지 가까이 하기가 즐겁지 않고 부담을 느끼는데 어떤 사람은 헐렁한 농담을 해도 유쾌한 매력이 넘친다.

성구를 완벽하게 암송하고 그 성구들을 자유자재로 순열조합을 하는 능력이 있어도 이상하게 꽉 막히고 답답함을 풍기는 사람이 있는가하면 어떤 사람들은 장난 같은 말을 해도 흥겨운 은혜가 넘친다.

물론 이런 상반된 일면의 현상들은 당사자의 개인적인 기질이나 성격에 기인하는 바가 크지만 그 사람의 행복지수와도 관계가 있다고 필자는 믿는다.

80점 이상이 되면 그 사람의 인격과 내면에서 생산적이고 창조적인 에너지가 나가는 반면 그 반대이면 아무리 좋은 말을 하고 매끄러운 말을 해도 닫히고 파괴적이고 부정적인 에너지가 나갈 수 있다고 보는 것이다.

물론 이 치수와 비율은 절대적인 기준은 아니다. 다만 필자가 여러 관련 글이나 책, 전문가들의 견해들을 접해 보는 가운데 나름대로 설정해 본 수치들일 뿐이다.

하지만 필자는 임상경험(?)으로 이 진단들이 꽤 설득력이 있음을 경험하고 있고 또 그렇게 믿고 있다.

그래서 성경공부를 할 때 뜨거운 말씀 신앙과 불기둥 같은 믿음을 강조하면서도 병행으로 꼭 이 행복지수를 들먹이며 행복 자극하기를 포기하지 않는다.

이런 이야기를 하면 어떤 사람들은 이렇게 말할 수 있다.

기도하고 성령 충만하면 행복은 저절로 해결되는데 또 무슨 행복지수니 뭐니 그런 것이 필요한가? 인본주의적인 사고가 아닌가? 괜히 복잡하게 할 것 없이 그냥 열심히 금식하고 기도하여 성령충만하자! 라고 하는 것이 훨씬 빠르다!

일단 그런 질문에 필자도 원칙적으로 동의하지만 문제는 그렇게 간단한 것이 아니다.

신앙은 내면의 원리적인 확신이요 궁극적인 절대지표이다.

그 확신과 맹렬한 중심은 우리 성도에게 반드시 구축되고 경험되어져야 할 지속적인 실제이지만 그 파토스가 삶의 기술이나 내면의 인격적인 미세 성숙까지 다 보장해 주는 것은 아니다. 은사나 권능, 외적인 은사는 성령충만이면 한 방에 해결될 수 있는 것이지만 성도의 성품이나 내면은 오랫동안의 성령님과의 동행과 훈련으로 길들여져야 하고 다듬어져야 한다. 곧 성령의 열매를 이름이다.

오도된 가치관위에서도 언제든지 외형적으로는 뜨겁고 충만할 수 있고 욕망과 탐욕의 동기로도 사람들은 얼마든지 특별한 열심의 불기둥으로 뒤집어 지기도 하는 것을 우리는 경험으로도 잘 알고 있다. 그러므로 우리는 언제든지 '영혼의 본성짜기' 즉 기본 바탕을 주목하고 그 저변의 건강성을 물을 필요가 있다.

어떤 영역이든 기본기가 좋을 때 크게 되고 공감성 있는 경쟁력으로 자연스럽게 발전하는 것을 보면 이런 자극과 물음이 분명 의미가 있는 것이다.

대개 그리스도인 가운데서도 행복지수를 80점 이상으로 높이지 못하는 경우는 반복되는 진단이지만 가치관의 문제가 중심에 가로놓여 있기 때문이다.

예수를 믿고서도 높아지고 많아지는 성취동기의 패러다임을 순화시키지 못하고 전 시대의 살아남기 식의 열망의 욕구를 넘어서지 못한 경우가 많다. 이런 미성숙의 태도와 기본에서 성도들도 쉽게 기복적인 신앙의 차원을 잘 넘지 못하고 좁혀진다.

믿는 실천에서 좋은 결과가 당장 나타나지 않으면 하나님과의 친밀감이 쉽게 깨어지고 그런 물량적인 마인드로 교회나 공동체를 쉽사리 경쟁욕구의 정글로 바꾸어 놓는다.

이런 동물적인 욕구로 사람의 행복도를 밀도 있게 높이지 못하는 것은 당연하다. 결과에만 매달리고 표층에만 천착되어 있어 신뢰감을 잃고 있는 오늘 우리들의 잃어버린 맛의 원인은 우리가 이런 일차원적인 욕구 문화를 제대로 극복하지 못했기 때문은 아닐까?

건강한 팽창에의 욕구나 성장에의 용기도 편하게 경험하지만 작은 가운데서도 낮은 가운데서도 하나님의 선하심을 믿고 한 사람의 인격체로서 전능자에게 감사와 영광을 드린다면 그 일상적인 은혜에 대한 감격으로도 스스로의 삶은 치유될 수 있다. 이렇게 발달한 건강한 행복은 또 다시 기존의 행복도를 증폭시켜 더 큰 행복을 심화시킨다.

이후의 행복은 물고기가 물을 경험하듯 더 자연스러워지고 몸에 잘 맞는 음악이요 축제가 된다. 신앙은 감격이요 그에 얹힌 삶은 기쁨이다.

이렇게 가깝고 편한 행복이 아직도 우리에게는 멀고 어렵게 느껴지는 것이다.

우리는 행복한가?

모든 사람은 행복해지기를 원한다. 그래서 부를 쫓고 권세를 열망하며 쾌락을 추구한다.

물론 그러한 것들이 일순간 이나마 행복의 기반이 될 수 있다. 그러나 그러한 것들이 하나님을 근거로 하지 않는다면 그로 인한 행복은 일시적일 뿐이며 끝내 공허함만이 남게 될 것이다.

참된 행복은 하나님께서 친히 도와주시고 처소가 되어주시고 은혜를 내려주실 때만 누릴 수 있다. 우리는 바로 그러한 은총을 입고 있는 행복한 사람들이다.

이스라엘을 풍요로운 약속의 땅 가나안으로 인도하시고, 거친 광야와 막강한 대적으로부터 보호하시어 그들을 행복한 백성으로 만드셨던 하나님께서 오늘 우리에게도 따스한 팔을 벌리시어 우리를 안으신다.

정녕 그것이 사실이라면 우리는 이제 행복의 가치를 어디에 두어야 하나? 겉으로 보이는 사람들에게 과시할 수 있는 명예? 학식? 재물? 그것들은 도무지 아니다.

진정 우리에게는 시간과 공간을 초월해 불변하는 유일한 행복의 조건이 있다. 그것은 우리를 구원하시고 안전하게 보호해주시는 하나님께서 우리 곁에 계신다는 사실을 잊지 않는 것이다.

정치인의 순교

자신의 모든 지위와 사회적 명성, 심지어는 자신의 생명을 요구할 때 모든 것을 포기하고 주를 위하여 생명을 내놓을 수 있는 게 순교이지, 정치인이 이기적인 행동에 순교라는 어휘를 사용하는 것은 소금이 짠맛을 잃어버리고 내다버린 결과를 초래한 기독교인들의 씁쓸한 결과물이 아닌가 생각해본다.

최근 한 유력한 대선 후보가 소속 정당을 떠나면서 눈물을 글썽이며 진술한 기자회견의 내용을 기억하고 있는 사람이 많을 것이다.

그 분은 그 자리에서 두 가지의 죽음을 말하면서 끝내 울음을 삼키지 못했는데 그 죽음이라는 비장함이 그 정치인의 탈당의 변에 어울리는 수사였는지에 대해서는 지금도 고개를 갸우뚱하는 사람들이 많다.

이대로 당을 떠나면 결국 경선의 룰을 깨는 것이나 다름없다는 손가락질에서 자유 할 수 없는 정치적 매장을 말한 것이 그 첫 번째의 죽음이요 소속 정당을 위해 순교하느니 국민들을 위해 순교하겠다라고 언급한 그 순교의 죽음이 두 번째로 말한 죽음이었다.

첫 번째로 말한 죽음은 우리가 상식적으로 이해할 수 있는, 어떤 영역이든 예측이 가능한 생리적인(?) 죽음인데 두 번째로 말한 죽음, 즉 순교는 우리가 아무리 양보를 해 보더라도 언뜻 이해하기 힘든 오버로 보인다.

우선 스스로의 불리함을 어떤 물리적인 행동의 변개로 만회하고 채워 보고자 하는 이기적인 행동에 순교라고 하는 지순의 단어를 자연스럽게 떠 올릴 수 있는 발상 자체가 전혀 생뚱맞아 보이고 그 다음에 그렇게 순교를 둘러대는 한 정치인의 인식과 이해에 아직도 시대착오적인 자기도취 같은 정서가 엿 보여 뒷맛이 개운치가 않다.

오늘날의 국민들은 디지털 시대의 정치가에게서 독립투사와 같은 그런 '감격시대'의 서사를 원하는 것이 아니다.

전문인의 비전과 기능적 실력으로 삶의 구체적인 정책과 기술을 구사하는 프로패셔널한 정치 기능인을 바란다.

합의된 룰과 규칙을 존중할 줄 아는 최소한의 기본기는 물론이고 그 위에서 도덕성과 정치적인 힘을 뿜어낼 줄 알면 더욱 좋다.

우리가 이해하는 정치인의 순교는 그런 이해의 선에서 소속 집단의 규칙에 끝까지 충실하는 것이다. 국민들의 표의 향배가 자신에게 불리하면 불리한대로 그것을 그대로 받아들이는 최소한의 자기대면의 겸손이 순교이다.

소속 정당의 이름으로는 차기의 지역구에서 당선이 어렵더라도 그 어려운 당에서 때를 기다리고 인내하며 더욱 경쟁력있는 자신과 정책들을 궁구하는 모습에 충실하는 것이 이 시대의 순교인 것이다.

국민들은 이런 사람과 정치문화의 최소한의 질에 목말라 있다. 우리가 이런 풍토의 저변이 아니면 어디에서 누구로부터 신뢰하고 마음을 줄만한 깊이 있는 정책과 비전을 기대할 수 있을까?

선거를 앞둔 주요 길목마다 납득할 수 없는 논리와 언어로 참을 수 없이 가볍게 자신의 입지를 뒤집는 탈당 신드롬에 이미 국민들은 지쳐있고 혐오감에 깊이 길들여져 있다.

위에서 말한 그 유력 후보도 분명 몇 년 전, 어떤 정치부 기자와의 회견에서 소속정당이 성향의 변화에도 당을 지키겠느냐? 라는 질문에 자신이 한 알의 밀알이 되어서라도 지키겠다고 스스로 말했고 만약 표가 자신에게 불리하면 결국 당을 떠나야 되지 않겠느냐? 는 질문에도 "나는 정치를 그렇게 얕게 배우지 않았다!"라는 모범 답안 같은 대답을 했다.

지난 대선 때, 지방 선거에서 자신과 경합하던 한 인사가 경선의 룰을 깨고 따로 출마하자 민주주의의 기본도 모르는 사람이라고 비난 하던 한 유력 정치인이 정작 자신이 대선의 정당경선에서 비슷한 경우를 당하자 보기 좋게 국민의 뜻을 들먹이며 불복 출마하여 빈축을 샀던 해프닝을 사람들은 불을 본 듯 기억하고 있다.

그 그림을 본지 벌써 십여 년이 다 되어 가는데 또 한 사람, 그것도 정치현실에서 괜찮은 성적을 올렸고 한 때는 민주화의 핵심 브레인으로 통하던 신뢰할만하던 인사를 통해서 반복되는 것을 우리가 경험하고 있는 것이다.

결국 탈당한 이번의 정치인도 정치 강단에서 전혀 어울리지 않는 '순교'라는 종교적 용어를 차용하면서 그 스스로 자신이 전문 정치인이 되지 못함을 고백하고 말았다.

그러한 언행은 결국 정치인의 기본 가치관에서 배교를 한 처사가 아닐까? 차라리 그냥 정치적인 수사를 다 빼고 자신의 행보에 대한 이기적인 이유를 솔직하게 토로했으면 백 번 더 나을 뻔 했다.

이런 반복되는 불쾌한 그림들을 보면 아직도 우리 사회의 가장 빈약한 자원은 바로 '자기확신'이라고 하는 자기정체성의 부재가 아닌가 하는 생각이 든다.

내가 왜 여기에 있고 왜 이 일을 하고 있고 어디에 있으며 어디로 가고 있는가? 라고 하는 자기확신이 없다 보니 쉽게 표층 위에 드러난 형상이나 눈에 보여지는 결과에 천박해 지고 마는 것이다.

한 인간으로서의 스스로의 확신이 부족하다 보니 사랑이 아니라 집착과 왜곡에 함몰되고 원칙과 룰도 어디까지나 나를 둘러싼 수단쯤으로 가벼워지고 마는 것이다.

쉽게 옷을 갈아입는 정치풍토는 아직도 우리 사회의 생각하는 문화가 어떤 수준에 머물러 있는지 단면으로 잘 말해 준다.

기독교 가정에서 태어나 기독교 교육을 받았던 니체가 하나님이 죽었다고 외친 근본적인 이유는 당시의 기독교 지도자들이나 기독교인들의 삶속에서 하나님이 살아계신 모습을 전혀 발견하지 못했기 때문이다.

미래학자인 오스 구니스는 「제3의 종족」이라는 책에서 오늘날의 기독교가 생명력을 잃었음을 지적하면서 초대교회와 같은 영적각성운동이 다시 일어나야 한다고 주장했다. 왜 많은 사람들이 기독교가 생명력을 상실했다고 주장할까?

그 이유는 기독교인들의 삶속에서 하나님을 두려워하는 모습이 전혀 나타나지 않고 그들이 세상 사람들과 조금도 구별되지 않은 삶을 살아가고 있기 때문이다.

순교란! 오직 사람의 본질이신 예수 안에서만 체험할 수 있는 신앙의 결정체인 것이다.

자신의 모든 지위와 사회적 명성, 심지어는 자신의 생명을 요구할 때 모든 것을 포기하고 주를 위하여 생명을 내놓을 수 있는 게 순교이지, 정치인이 이기적인 행동에 순교라는 어휘를 사용하는 것은 소금이 짠맛을 잃어버리고 내다버린 결과를 초래한 기독교인들의 쓸쓸한 결과물이 아닌가 생각해본다.

part 6

26 · 유연성이 힘이다

27 · 교회는 사람의 활력소이다

28 · 개신교 영성을 만나다

29 · 생활의 발견

30 · 현대인들은 왜 피곤한가?

다이돌핀이
주는 **지혜**

유연성이 힘이다

달라스 윌라드가 말했듯 흔히 성령이 충만하고 열심이 특별한 사람들의 모임일수록 의견의 일치를 보기가 어렵고 쉽게 분열이 일어날 수도 있다고 하는 것은 이런 다름에 대한 유연성의 부족 때문일 것이다.

신앙에도 색깔이 있고 여러 다변한 패러다임이 존재할 수 있다.

〈영성에도 색깔이 있다〉라는 책을 썼던 게리 토마스는 신앙 색깔이 달라 결혼 초 서로 불편하게 장모와 갈등관계를 겪었던 일을 소개했던 적이 있었다. 아마도 두 사람은 서로 다른 가문의 전통과 관습, 사고방식 그리고 교파가 다름으로 인한 신앙 정서의 차이를 좀 두드러지게 경험했던 것 같다.

굳이 외국 목사님의 경우를 들지 않더라도 우리도 우리의 가정에서 자주 서로 다른 영적 배경이나 세계관으로 인해 부딪히고 깨어지는 경험들을 쉽게 경험하곤 한다.

흔히 그리스도인 청년들이 한 하나님 한 성령에 의해 거듭나고 사명을 받았으니 저렇게 신앙이 좋은 저 사람과 결혼을 하면 행복은 저절로 이루어 질 것이라고 순진하게 가정을 시작하지만 그것이 문자 그대로 순진한 생각이었음을 깨닫는 데에는 그렇게 오랜 시간이 걸리지 않는다.

하나님은 분명 같은 한 하나님이심에는 틀림이 없지만 그 하나님을 믿는 믿음의 정서는 신학의 성격이나 교회의 영적 기질에 따라 약간씩의 차이가 있고 같은 성령도 목회자마다 교파마다 분위기나 정서상에 약간씩은 다른 파토스들이 존재한다.

이렇게 미세하지만 약간씩의 다름에서 우리 그리스도인들은 신앙생활을 뜨겁게 할수록 자신의 이해나 정서가 절대적으로 옳다는 고정관념이나 집중력이 센 확신을 쉽게 경험하면서 자신의 이해나 정서를 상대방에게 강요하기도 하고 자신의 이해에 미치지 못하는 상대를 본의아니게 영적으로 어리게 보거나 억압을 할 수도 있다.

우리들이 흔히 겪을 수 있는 그림들로 그리스도인 가정의 대개의 갈등들이 이런 차이에 대한 무지와 몰이해에 기반을 두는 것을 보게 된다.

달라스 윌라드가 말했듯 흔히 성령이 충만하고 열심이 특별한 사람들의 모임일수록 의견의 일치를 보기가 어렵고 쉽게 분열이 일어날 수도 있다고 하는 것은 이런 다름에 대한 유연성의 부족 때문일 것이다.

이런 경우들을 보더라도 우리는 서로 하나가 된다는 것이 그렇게 쉽고 단순한 것이 아님을 알 수 있다. 오죽했으면 화평이 성령의 중요한 열매 가운데 하나로 제시되어 있겠는가?

그러므로 우리는 서로 다름이 틀린 것이 아니라 중요하지 않은 문제에서는 문자 그대로 나와 다를 뿐이라는 것을 이해하고 보다 성숙해질 필요가 있는 것이다.

신앙 시각의 패러다임도 마찬가지이다.

우리가 축복이라고 할 때 어떤 사람에게는 오히려 건강보다는 질병이 축복일 때도 있고 고통이 축복일 때도 있는 경우를 많이 본다.

지나치게 건강이 왕성해서 육신적인 정욕에 몸과 마음이 휘둘리는 사람에게는 아파서 누워 있는 시간이 오히려 약이 되는 경우도 분명 있는 것이다.

무조건 건강과 형통만이 하나님이 역사하시는 증거라는 고정관념에 몰입하는 것은 그러므로 성경적인 발상이 아니다.

돈도 그렇다. 모든 사람들이 현실을 지배하는 힘이 되는 돈을 좋아하고 사랑하지만 성경은 어디까지나 돈은 인간의 경제적 수단이자 하나의 쓸만한 도구일 뿐이라는 견해에서 흔들려 본적이 없다. 돈이 너무 마르고 없어서 몸과 마음에 병이 드는 사람이 있는가 하면 돈이 너무 과도해서 병이 드는 사람도 있다.

이를테면 누가복음 19장의 삭개오 같은 부호는 분명 돈이 너무 많아서 물질욕구에 눌려 영적인 병이 들어 '잃어버린 자'였다.

사람들은 그의 부요에 인간적인 인정을 했을지 모르지만 예수님은 그 재물 때문에 병이 들어 파괴된 그의 내면을 주목하시고 '찾아' 나선다.

그러므로 삭개오를 향한 복음은 재물에 대한 욕망을 넘어서라는 것이다. 결국 삭개오는 그것을 알고 자신을 이기고 회복하여 아브라함의 자손이 된다.

한편, 삭개오와는 반대로 사렙다의 과부처럼 너무 가난해서 병이 드는 사람도 있다. 그런 사람은 삭개오와는 거꾸로 전능하신 하나님께 나아와 돈을 좀 받아야 할 것이다.

부르짖고 간구하면 부요하신 하나님께서 재물도 주신다. 진짜 치명적으로 가난한 사람에게는 돈과 잘 사는 것이 복음인 것이다. 그 이상도 그 이하도 아니다.

이와 같이 같은 매개물이라도 신앙의 렌즈 앞에서의 그 시각과 가치관은 다변할 수가 있다.

특히 오늘의 시대에서의 우리는 이러한 적용의 다변성을 이해할 필요가 있다고 본다.

우리나라가 전쟁 후 6,70년대 때에는 너무나 가난해서 배를 채우고 제대로 옷을 입어 보는 것이 최고의 소원일 때가 있었다. 그 때는 우리도 잘 살 수 있고 복을 받을 수 있다는 것이 문자 그대로의 복음이었다. 그런 시절에 교회가 성령의 불같은 위로와

잘되는 복을 선포한 것은 분명 좋은 일이었다.

하지만 돈은 인간의 도구일 뿐 모든 경우에 다 통하는 복음은 아니라는 것을 헤아리는 데에 우리는 게을렀다. 먹고 사는 문제가 해결된 지금은 돈을 더 많이 받는 것이 복음이 아니라 받은 복을 전인적으로 누릴 줄 알고 그 복을 지혜롭게 분배할 줄 아는 것이 복인 시대이다.

여전히 잘 되는 것만이 축복이라는 6,70년대의 신앙 패러다임으로는 그러므로 지금의 부요해진 디지털 시대의 현대인들에게 더 이상 삶의 길을 제시해 주기가 어렵다.

오늘날 사람들이 교회에 대하여 등을 돌리는 것은 바로 이와 같이 마음을 적셔 줄 복음이 교회로부터 들리지 않기 때문이다.

신앙에도 색깔이 있고 다양한 패러다임이 존재할 수도 있다.

지금은 신앙인의 사고에서 유연성을 길러야 할 때이고 복음에 대한 적용과 해석의 힘을 기를 때인 것 같다. 우리의 죄인된 모습 그대로 전부 사랑하신 것이 예수님의 사랑이다. '또 새 영을 너희 속에 두고 새 마음을 너희에게 주되 너희 육신에서 굳은 마음을 제하고 부드러운 마음을 줄 것이며' 축복의 핵심은 하나님께서 우리 가운데 거하는데 있다. 하나님이 내적임재가 가능하기 위해서는 우선 죄의 문제가 해결되어야 하므로 정화작업을 통하여 거룩한 하나님께서 인간과 동거하실 수가 있다.

오늘의 우리가 이 땅에서 호흡을 유지하고 더구나 새 생명의 존재로 살아감이 전적인 하나님의 긍휼의 결과인 것이다. 그러므로 '주의 인자와 긍휼이 크시므로 우리가 진멸되지 아니함이니이다' 라는 찬양이 우리 입에서 나오지 않을 수 없는 것이다.

　나의 나 된 것은 하나님의 은혜임을 자각하고 성령의 보습으로 심령의 밭을 부지런히 일굴 뿐이다.

교회는
사람의 활력소이다

자연적 교회성장은 문자 그대로 행복하고 건강한 신앙인 한 사람만 양성해 놓으면 그 건강한 생명력으로 저절로 사람이 붙고 그런 흐름으로 성장한다는 원리에 근거한다. 한 마디로 사람에게 집중하는 패러다임이다.

오늘날 특히 경영의 현장에서 전인적인 균형과 비전들이 많이 적용되고 응용되고 있는 것을 본다.

기업을 자문해 주는 컨설턴트들의 칼럼이나 CEO들의 경영학 책들에도 이러한 흐름들은 뚜렷한 양상들로 나타난다.

상품을 만드는 일도 그것을 시장에서 판매하는 일도 그 물건을 구매하는 고객들도 결국은 사람들이라고 하는 것을 자각한다면 사실 이윤을 남기는 경영도 해답은 처음부터 간단했다.

그것은 사람인 것이다.

상품을 만드는 '사람'이 '사람'으로서의 자기 존중감을 경험하고 사람으로서 경쟁력이 높은 건강성을 유지할 때 잘 팔릴 수 있는 상품이 생산되고 그 상품을 판매하는 '사람'들이 자기 일에 대해 긍지를 느끼고 보람과 질감 높은 관리와 수입을 누릴 수 있다면 그 괜찮은 물건을 보다 넓게 팔 수 있을 것이다.

또 물건을 사는 고객을 향해서도 '사람'이라고 하는 인간적인 감성과 감동으로 딱딱해 진 가슴을 녹여낸다면 더 행복하고 기분 좋은 과정 속에서 구매를 경험하게 해 또 그 회사의 상품을 찾는 순환 고리를 확보하게 된다.

결국은 사람이라고 하는 유치원 교과서 같은 해답을 반복하지 않더라도 이와 같이 장사도 기업도 결국은 사람인 것이다.

이것을 경험으로 해독해 낸 현대 경영학이 인문학적 교양과 감성을 적극적으로 응용해 내는 데에 주력하는 것은 자연스러운 일이다.

그러면 교회는 사람의 활력소인가? 화폐와 경제가 사람이라면 신앙의 공동체인 교회도 사람과 관련이 있는가? 이 질문에 대한 대답도 너무나 간단하다.

세속의 기업이 '사람'을 통해 사람을 움직인다면 교회는 더더욱 사람과 밀접한 관련이 있다!

교회야말로 사람을 근본적으로 변화시키고 그 힘의 증폭으로 운용되는 사람들의 공동체가 아닌가?

흔히 믿음이 좋은 사람들은 '사람'이라는 '사' 자만 말해도 왠지 인본주의처럼 들리고 신앙의 내용에서 불경스럽게 들려지는 분들도 있지만 교회도 사람들이 모이는 공동체가 틀림이 없다면 우리는 사람들에 대한 보다 유능한(?) 시각으로 열려 있어야 한다.

그리고 여기에서 말하는 '사람'이 소위 인본주의가 말하는 사람의 힘에 의지한다는 사람중심 차원의 의미가 전혀 아닌 다음에야 더 말할 것도 없다.

오늘날 교회 성장학에도 마찬가지로 이 '사람'은 중요하게 화두로 등장된다.

그 대표적인 예는 바로 우리가 잘 아는 크리스티나 A. 슈바르츠의 NCD나 랄프 네이버의 Cell 같은 경우이다.

자연적 교회성장은 문자 그대로 행복하고 건강한 신앙인 한 사람만 양성해 놓으면 그 건강한 생명력으로 저절로 사람이 붙고 그런 흐름으로 성장한다는 원리에 근거한다. 한 마디로 사람에게 집중하는 패러다임이다.

과거의 교회성장이 막연한 물량적인(?) 팽창의 패러다임에서 말과 행사나 이벤트의 형식으로 나갔다면 자연적 교회성장은 그런 어떤 '수단'으로서의 사람이 아니라 '목적'으로서의 가치관으로 전인적인 신앙인 즉, '사람'을 주목한다.

네이버가 강조하는 Cell도 이런 '사람'의 원리에 뿌리를 둔다는 데에는 차이가 없다는 점에서 NCD와 같다. 그래서 요즘의 교회와 교회 성장의 프로그램들은 과거와는 확연히 다른 시각에서 설정되고 심화되고 있는 것을 쉽게 볼 수 있다.

기존의 성령충만의 불기둥 파토스도 전인적인 감성으로 표현하고 그 파이프로 연결하여 보다 세련되고 다변한 형태로 응용하고 있다.

결국은 교회도 신앙인이 전인적인 만족과 감격의 형식과 내용으로 부요하게 채워지지 않으면 재생산(?)의 경쟁력이 발생되기 어렵다는 사람중심의 경영에 공감하고 동의를 하고 있는 것이다.

그러면 교회는 사람과 연결되어 있으며 활력소라는 말이 되는데,(원래 성경이 사람을 '목적'으로 하고 있다) 그래서 교회도 사람을 주목한다고 난리들인데 과연 우리들의 교회는 이 '사람'을 제대로 말하고 있고 이해할 준비가 되어 있는가? 이 지점에서 대두되는 이런 자각적인 질문은 중요하다고 본다.

이런 질문이 필요한 것이 사실 '사람'이라고 하는 슬로건 자체는 매우 매력적이지만 문자 그대로 이 전인적인 '사람'이라고 하는 차원이 그렇게 명제와 구호로만 가능해지는 것이 아니기 때문이다.

먼저 사람을 전인적인 신앙의 사람으로 세워 올리려면 양육자 자신이 일정한 수준과 깊이 이상의 '전인적인 사람'이 기본적으로 먼저 되어 있어야 한다.

만약 양육자 자신의 내면이 아직도 미숙하고 욕망과 현실, 꿈과 이상 속에서 통합되어 있지 못한 채 비인간적으로 분열되어 있는 실정이라면 그 '사람'이라는 목표도 어디까지나 구호로만 그치게 된다.

오늘날 교회에 부흥을 선사해 줄 패러다임이요 프로그램으로 알고 그 '사람' 중심의 프로세스를 열심히 배우고 응용해 보지만 대개 말만큼 성공하지 못하는 것도 바로 이 근본적인 문제의 기본기가 허약하기 때문이 아닐까?

오늘날 기업의 CEO들은 이 문제를 비교적 잘 알고 있어서인지 스스로들이 많은 독서와 수련으로 내공(?)을 쌓는 것을 보게 되는데 교회의 목회자인 나부터 이런 노력을 하고 있는가? 하는 질문을 해 볼 때가 있다.

어쨌든 교회는 사람의 활력소이다.

그리고 사람이 사람을 낳고 세운다! 지금까지 우리는 어떤 모습으로 살아왔는가?

예수님을 통해 회복된 그 하나님의 나라에서 살아왔다면 사 25장 6절의 '여호와께서 이 산에서 만민을 위하여 기름진 것과 오래 저장하였던 포도주로 연회를 베푸시리니…' 처럼 우리의 삶은 생명의 풍성함으로 세상의 일에 얽매이지 않았을 것이다.

우리는 그리스도와 끊임없는 교제를 통해 성도간에 즐겁고 기쁜 교제를 나눌 수 있는 신분을 지니고 있다. 우리가 회복된 하나님의 나라에서 살 때에 하나님은 영광을 받으신다. 그리고 성도로서의 우리의 삶은 세상에 속한 것 같으나 장차 들어갈 그 하나님 나라를 지금부터 누리게 되는 것이다.

베드로는 주님을 일컬어 '당신은 그리스도이십니다.' 라고 고백하였다. 그런데 이 고백은 곧 예수그리스도의 신성을 인정할 뿐 아니라, 그분의 구세주되심과 하나님되심을 받아들이는 놀라운 신앙 고백이었던 것이다. 따라서 주님은 이러한 그의 신앙 고백위에 자신의 몸된 교회 설립을 약속하셨던 것이다.

그런데 이 고백은 단지 베드로 개인에게만 요청되는 것이 아니다. 실로 구원얻고 영생 얻고자 하는 자 모두에게 마땅히 요구되는 고백인 것이다.

오늘도 하나님께서는 우리로 하여금 성전된 우리 자신의 몸을 가지고 더 이상 세상의 흐름을 따라 살지 않기를 바라신다.

생활의 모든 일상사 속에서도 성령의 음성을 좇아 하나님을 기쁘게 하는 거룩한 성전적 삶을 구현하는 하나님의 사람이 되기를 탄식하시며 기다리신다.

자, 우리는 어떤 실질적인 내용으로 하나님의 성전으로서의 삶을 살아갈 것인가? 실로 이는 중대하고도 의미있는 물음이다. 우리 모두가 다 하나님의 성전으로서 부족함이 없는 생활을 할 때에 비로소 우리의 사회 속에 우리의 역사 속에 하나님 나라의 거룩한 문화가 꽃피워질 것이다.

우리 자신이 바로 그 문화를 이루어가는 구체적인 사람들임을 잊지 말자.

개신교
영성을 만나다

특히 스트레스나 신경노동에 복합적으로 피로해진 후기 산업사회를 힘겹게 소화해 내고 있는 현대인들의 정글에서 이런 영성적 응용이 효과적이고 좋은 순화 내지는 치료제로서의 기능성들을 포함하고 있다는 것을 개신교가 읽어낸 것이다.

전통적으로 개신교의 입장에서는 관상기도와 같은 영성신학의 접근이나 응용을 달갑게 생각하지 않았다는 것을 우리는 알고 있다.

'내적 고요'나 '명상'과 같은 영성적 접근의 정적인 파토스가 개신교 특유의 십자가 신앙의 역동적인 힘과는 좀 다른 차원의 층위에 있는 것으로서 어울리지 않고 오히려 그 동적인 역설적 힘을 약화시킬 수 있다고 보았기 때문이다.

이런 부정적 입장의 고전적 선두에는 단연 그 유명한 존 웨슬레가 있다. 그는 "기독교의 가장 무서운 적이 바로 신비주의"라는 극단적인(?)공격도 서슴치 않았던 것으로 알려져 있다.

유명한 자유주의자였던 하르낙 같은 사람조차도 그의 주저

〈기독교 교리사〉에서 "신비주의는 기독교 역사와 그리스도교회의 복음주의적 기초 원리에 커다란 해독을 끼친다"는 문장을 남겼으니 그만큼 개신교는 영성적 내밀주의에 뿌리 깊은 거부감을 경험해 왔던 것이다.

한 마디로 영성의 신비주의는 '전도'가 없는, 하나님과 인간의 간격을 흐리게 하는 정숙주의라는 말이다.

그런데 지금 20, 21세기 후기 산업사회에 와서는 우리 개신교에도 왠 관상기도인지 하는 영성바람이 불고 있다. 그것도 그냥 변죽만 올리다 말 막연한 흥미나 유행성 바람이 아니라 뚜렷한 어떤 양상으로 줄기를 형성하고 있는 것으로 보인다.

리챠드 포스터, 유진 피터슨, 달라스 윌라드, 게리 토마스, 제임스 휴스턴 같은 영성의 입장에 있는 분들의 책은 이미 넓은 독자층을 형성하고 있고 우리나라에서도 항상 상위에 랭크될 정도로 인기가 있다.

그 뿐인가? 필립 얀시나 오스 기니스같은 신앙저술가, 릭 워렌의 설교나 저술, 〈목적이 이끄는 삶〉에도 이러한 영성적 응용이 녹아나 있는 것이 선명하게 보인다.

뿐만 아니다. 제임스 패커나 존 스토트같은 명망있는 복음주의 학자들도 이미 긍정적인 견해나 일정부분의 참여를 실천하고 표명해 왔다.

오히려 지금은 이런 영성적 응용을 포함하지 못하면 글이

되지 못하고 말이 되지 못할 것 같은 그런 분위기라고 말해도 지나친 표현이 아니다.

심지어 복음주의의 새로운 주자로 평가받고 있는 알리스터 맥그라스는 이런 말도 서슴지 않는다. "만일 장기적으로 볼 때 복음주의의 미래에 위협이 될 요소가 있다면, 그것은 영성에 대한 관심의 부족일 것이다.---만일 복음주의적 영성을 발전시키기 위하여 어떤 일이 이루어 지지 않는다면, 현재 복음주의운동의 성장은 장기적으로 지속되지 못할 것이다." 그러면 이런 현상은 일각에서 우려하는 것처럼 영적 혼합주의이고 다원주의적 짬뽕 같은 위험한 방식인가?

문제는 그렇게 간단하지가 않다. 이렇게 개신교가 적극적인 태도를 보이는 데에는 그만한 이유가 있기 때문이다. 일반적으로 오늘날 개신교가 이렇게 영성의 응용에 적극적으로 나오게 된 것은 다음과 같은 이유에서이다.

① 개신교 신앙의 강렬한 파토스아래 웅크리고 있던 내적 공허(믿음의 유무에 관한 차원이 아닌 정서적 차원에서)를 해소해 줄 기능성으로서의 감성적 가능성

② 외면으로의 확장과 치열함에 쏠려 있는 듯한 개신교 의식의 긴장에 대한 보강적 순화와 치유

③ 믿음과 '말씀' 이라고 하는 결정론적 선포를 삶의 내용으로 통합하고 채우는 전인적 전망으로서의 기능성

④ 삶과 신앙의 다변한 문제에 대한 일상적 가치관과 성숙한 대처를 일깨우는 훈련으로서의 기능성---.

특히 스트레스나 신경노동에 복합적으로 피로해진 후기 산업사회를 힘겹게 소화해 내고 있는 현대인들의 정글에서 이런 영성적 응용이 효과적이고 좋은 순화 내지는 치료제로서의 기능성들을 포함하고 있다는 것을 개신교가 읽어낸 것이다.

다시 정리하면 기존의 개신교 특유의 역동적인 십자가 신학의 동력과 그에 뿌리해 있는 '성령충만' 한 믿음의식의 긴장과 그 긴장의 혁명적 탄력을 기본으로 확인할 때 그에 대한 조화와 전인적 내용과 감성으로서의 영성의 '부드러움' 과 성숙미를 가미하면 후기산업사회인의 피폐해진 내면에 더욱 효과적으로 어필할 수 있는 균형이 될 수 있다는 인식에서 오늘날 이렇게 개신교가 적극적이라는 말이다.

필자가 볼 때는 이러한 전망에서 향후 이런 영성적 응용의 흐름은 상당기간, 개신교 내에서 십자가의 긴장과 황금분할적인 균형의 선이 유지된 한에서 지속될 것으로 예측된다.

그리고 그 소화과정이 지나서도 이미 개신교의 한 몸으로 그것을 개신교 특유의 '의식' 의 질서 아래 내 것으로 삼고 유지하게 되는 흐름은 멈추지 않을 가능성이 크다. 왜냐하면 거기에는 그렇게 특히 개신교의 대칭적 입장에서는 투자할 만한 기능적 장점들이 있기 때문이다.

그러면 개혁자들의 시대와는 달리 영성에 대하여 왜 오늘날에 와서 이렇게 긍정적인 태도를 보이는가? 라는 질문을 할 수 있다.

그것을 필자는 이렇게 이해하고 있다.

서두에서 밝힌 웨슬레의 일괄처럼 개혁자의 시대에서는 무엇보다도 '오직 믿음!'이라고 하는 카톨릭에 대한 반사적 역학관계에서 믿음을 강조하고 그 파토스에만 충실할 수밖에 없었던 한계적 반면 오늘날의 복음주의는 개신교 특유의 '이신칭의'와 '오직 하나님께!'라는 주권신학을 충분히 경험하고 그 내적 자기 정체성에 확고한 충분한 기간을 거쳤다.

선이 분명해진 그 축적된 건강성에서 일말의 내적 여유가 생긴 결과로 영성에 대해 열린 태도를 보인다는 것이다.

즉 개혁자의 시대에서는 '믿음'과 영성, 신비주의적 감성, 양자를 평행선에서 읽혀진 나머지 믿음을 확고히 세우느라 좀 이질적으로 느껴진 그것을 배척할 수밖에 없었지만 이제는 믿음의 입장에서 믿음의 역동성 위에서 믿음의 눈으로 영성적 기술들을 전망하고 소화해낼 여유와 힘을 느낄 수 있게 되었다는 말이다.

그런 힘 뿐 아니라 실제로 그렇게 창조적으로 개신교 신학의 입장에서 소화하고 선용하는 것이 가능하다고 하는 것을 개신교가 임상에서 경험으로 알게 되면서 더욱 자신 있게 나오게 되었다는 것이다.

한편, 이와 같은 영성적 응용에는 다음과 같은 찬반의 견해는 늘 가능해진다.

성경에 명시되어 있지도 않은 신앙행습이나 내용을 차용내지는 끌어들이는 것은 명백한 영적 혼합주의로 매우 위험한 발상이라는 근본주의적 입장과 신앙문화의 한 모습으로 창조적으로 선용과 활용이 가능하다고 믿는 보다 유연한 입장이 그것이다.

이 평행의 두 입장에는 양 방향 다 나름의 논리를 가지고 있는 것으로 보여 그 견해를 좁히는 것이 쉽지가 않아 보여 우려스럽기도 하다.

어쨌든 지금 개신교에서도 '영성'의 응용에 깊은 관심을 보이고 있다.

명망있는 복음주의자인 제임스 패커 같은 분은 개신교의 신앙은 '영성'과 결혼할 필요가 있다라는 말도 한다. 이러한 두 개의 신앙문화와의 만남이 향후 어떤 방식으로 소화되고 발전될지 지켜 볼 일이다.

하나님의 말씀은 성령의 영감으로 기록된 것이며 성령은 그 말씀을 통해 역사하신다.

많은 믿음의 위인들이 성경을 읽는 중 하나님의 음성을 듣고 회개하며 하나님께로 돌아왔다. 그리고 많은 성도들이 실패와 낭패를 당하여 좌절에 빠졌던 중 성경을 통해 새 힘을 얻고 위로를 받았다. 또 어떤 성도는 성경을 읽던 중 자신의 죄를 깨닫고 통회하며 눈물로 밤을 지새웠다. 성도들의 이러한 체험은 하나님의 말씀이 살았고 운동력이 있음을 입증한다.

이것이야 말로 말씀안에서 그리스도안에서 이루어지는 영성일 것이다.

불교의 고승들 중에는 깨달음에 이르기 위해서는 부처의 목을 치고 불경을 불태워야 한다고 가르치는 자들이 있다. 불교에서는 인간이 스스로 범한 죄에 관한 한 부처도 그 죄를 해결해 줄 수 없다고 가르친다. 그러나 기독교의 성경은 생명력이 있어서 사람을 변화시켜 회개에 이르게 한다. 불교에서는 전혀 해결할 수 없다는 업보를 하나님은 해결하셨던 것이다.

만약 예수님께서 업보의 사슬을 풀지 못하셨다면

'나 보내신 이를 믿는 자는 영생을 얻었고 심판에 이르지 아니하나니 사망에서 생명으로 옮겼느니라'(요5:24)

는 선포가 나올 수 없었다.

우리의 안에는 어느 종교문화와 다른 영성, 즉 말씀이 육신이 되어 우리에게 오신 예수그리스도가 있다. 믿음안에서 우리에게 오시는 보혜사 성령과 교통하는 영성 곧 그 길 만이 사는 길이요, 생명의 길이요, 하나님께서 원하는 길이다. 우리에게는 이보다 더 좋은 영성이 없다.

생활의 발견

하나님의 때를 억지로 이해하려던 것 주님의 섭리를 알려 노력 했던 것들, 오직 믿음가운데서 온 마음을 다하여 하나님을 신뢰 하려고 결심 했을 때 하늘의 평화와 기쁨이 넘칠 것이다.

　복음주의권의 교황으로 불리우던 존 스토트는 이런 글을 남겼다.

　"분명 우리 주위에는 일부 올챙이 그리스도인들이 있다. 그들의 머리는 건전한 신학으로 불룩해져 있지만, 그것만이 그들에게 있는 것이 전부이다. 그렇다. 우리는 사람들이 기독교적 지성 뿐 아니라, 기독교적 감정, 기독교적 영성, 기독교적 양심, 기독교적 의지를 개발시키도록 실로 그리스도의 주권아래 철저히 통합된 전인적인 그리스도인이 되도록 돕는 일에 관심을 가지고 있다."

　필자는 개인적으로 오늘날 평신도들의 경쟁력에 관심이 많은 목사로 평신도들을 양육하고 교제하는 가운데 위의 인용구를 누구보다도 실감하는 편이다.

건전한 신학, 개혁 신학 외에는 관심이 없고 그 건전한 정통 신앙을 어떻게 자신의 직업에 적용을 시키는지 또 그 신학이 문화와 어떤 상관관계를 가지는지 그 신앙으로 어떻게 사물과 현상을 통합하고 해석하는지 생각조차 해보지 않는 수많은 그리스도인들을 보았다.

그 정통신앙만 붙들면 만사 오우케이로 모든 것은 보장되고 모든 것이 절대적으로 해결되며 그 진리만 있으면 다른 부분은 아무래도 괜찮다고 생각한다.

잘 학습된 정통신학, 보수 정통신앙이라는 틀과 자부심을 경험하고 있는 것만으로 자신이 상대적으로 훌륭한 그리스도인이며 꽤 괜찮은 그리스도인이라는 착각(?)을 하는 경우도 많이 볼 수 있다.

하지만 이런 이분법적 확신은 결과론적으로는 삶을 부정하는 것과 다름이 아니다. 복음의 삶에서 예배와 전도, 정통신앙이라고 하는 자부심, 기도의 열심 이외에는 아무런 내용이 없고 가치관의 응용이나 삶으로 열매 맺게 하는 사고력 자체를 부정하는 오늘날 우리 교회의 신앙문화는 치명적으로 교회의 권위를 스스로 뭉개어 놓게 했다.

이런 전체적인 현상이, 오늘날 한국교회의 경쟁력을 이처럼 내려 앉힌 것은 객관적인 사실로 보인다.

그래서 이런 현상을 보고 오늘날 교회의 재 부흥의 지름길은 많은 신학자들이 1907년 폭발적인 대 부흥을 문자적으로 재현하는 100주년 집회나 부흥회에 있는 것이 아니라 균형적인 삶의 전망을 왜곡시킬 수 있는 협착된 사고력을 어떻게 성숙하게 변화시켜 내느냐에 달려 있다고 입을 모으는 것이다.

이런 현상이 정통신학이 부족해서 진리가 부족해서 그런 것은 아닐 것이다.

성경이 전부이지만 그 성경에 붙어 있는 다른 외면을 해석하고 통합할 사고의 능력도 그래서 또 다른 차원으로 중요하다고 본다. 그 부분의 건강한 지반이 부족하면 오늘날 한국교회의 딜레마처럼 다음 세대로의 부흥은 보장되기 어렵기 때문이다.

이런 역학적인 점을 경험으로 이해한 오늘날의 복음주의가 스토트가 말하는 방식으로 보다 통전적인 시각을 견지하고자 하는 것은 당연한 것이다.

하지만 과거의 신앙관으로 한다면 이런 사고의 힘은 처음부터 불경스러운 것으로 인정할 수가 없다. 그럴 힘을 처음부터 그렇게 부정하고 발전시키지 못했기 때문에 과거와 같은 방식은 필연적으로 정통신학만 있고 몸이 없는 손쉬운 이분법으로 굳어지고 만다.

이것은 의지의 문제가 아니라 사고의 틀의 문제이다.

과거 자유주의가 창궐해 그 위험성이 살아 있었을 때에는 이런 약간의 자율적인 의미를 말하면 당장 위험한 발상으로 오해

받고 지탄을 받던 때가 있었다. 그런 뉘앙스만 풍겨도 인본주의가 어떻고 물 타기의 방식이라고 매도를 당하고 돌 세례를 각오해야만 했던 때가 있었다.

하지만 그 믿는 자의 삶속에서 '자율'의 건강성을 요구한다고 할 때 그 자율 때문에 신앙의 고유한 근본적 교리나 신학이 희생되거나 희석되지 않는다는 것을 경험으로 알고부터는 복음주의도 보다 유연하게 나왔다.

마틴 로이드 존스 이후의 제임스 패커, 존 스토트, 그리고 그 뒤를 잇고 있는 옥스퍼드의 알리스터 맥그라스! 그리고 근본주의를 목숨처럼 지킨 그레샴 메이첸과 그 제자 프랜시스 쉐퍼 등등

그들은 복음과 기독교에서 머리를 그대로 두고 몸을 찾아내는 새로운 패러다임과 비전을 자신들의 신학에서 녹여냈다.

위대한 근본주의자 메이첸은 "오늘날 기독교의 위기는 생각의 과도함(자유주의)때문이 아니라 생각의 부족(근본주의)때문이다!"라는 말을 현대주의와 싸우기 전부터 했고 그의 제자 쉐퍼는 "정통주의의 결점은 법의 영역을 소유하고는 있지만 마냥 그 법의 영역에 있는 것으로 충분하다는 행동을 취하는 경향이 너무나 많았던 것이다. 고유한 법의 관계는 존재해야 되겠지만---고유한 법의 영역의 내부에 존재하는 인격적인 하나님에 관해서 말하는 인격적 관계를 가질 때만이 이 법의 관계는 아름다운 것이 될 수 있다."라고 말하면서 신앙의 내용을 채우는 발상의 전환을

강조했다.

이런 흐름에서 스토트나 패커와 같은 분들의 신학이나 책들이 쏟아져 나왔으며 우리나라에도 최근에는 맥그라스의 주가가 인기리에 높아지고 있다.

'무조건 믿으라!' 는 막무가내식의 논리에 질려 버렸던 젊은 이들은 이런 보다 실제적이고 기독교에 대한 보다 정립적인 교리와 함께 삶의 비전을 열어 주는 그 분들의 논리와 호소에 열광하며 대거 교회로 돌아왔던 것을 우리는 기억하고 있다.

이미 유럽이나 미국에서 5,60년 전부터 이런 일각의 자성의 흐름들이 발전되어 왔지만 이제 이 흐름들이 우리 교계에도 절실해진 문제가 아닌가 생각해 본다.

이미 그 분들의 저술이나 생각들이 한국교회에도 광범위하게 읽혀졌지만 보다 분명하게 '몸' 을 찾아야만 하는 과제를 직면하고는 더욱더 분명해진 문제로 세워져 있다.

하나님의 때를 억지로 이해하려던 것 주님의 섭리를 알려 노력했던 것들, 오직 믿음가운데서 온 마음을 다하여 하나님을 신뢰하려고 결심 했을 때 하늘의 평화와 기쁨이 넘칠 것이다.

고통과 어려움 속에서도 현세의 두려움으로 인해 좌절하고 주저하지 않을 것은 하나님에 대해 굳게 신뢰하고 자신의 소망을 하늘에 두었기 때문이다. 하나님은 언제든지 당신이 원하시기만 하면 당신의 권능을 세상만민이 깨달아 알게 하실 수 있는 분이시다.

하나님께서 인간을 창조하신 목적은 저들을 통해 경배와 영광을 받으시기 위함이다. 그분의 크신 영광이 땅 끝까지 증거 되기를 위해 간구하는 것은 지극히 당연한 본분이라 하겠다.

이런 점에서 발상의 전환은 "너희가 먹든지 마시든지 무엇을 하든지 다 하나님의 영광을 위하여 하라" 그리고 "나의 간절한 기대와 소망을 따라 아무 일에든지 부끄럽지 아니하고 오직 전과 같이 이제도 온전히 담대하게 살든지 죽든지 내 몸에서 그리스도가 존귀히 되게 하려하나니 이는 내가 사는 것이 그리스도니 죽는 것도 유익함 이니라"고 한 사도바울의 말씀을 명심해야 하겠다.

재부흥의 지름길은 성령충만을 받는 것이다.

지금까지 성령받기 이전의 제자들처럼 실패하는 삶을 살아오지 않았는가? 아직도 예수 믿는 재미가 무엇인지 모르고 신앙생활을 하지 않았는가? 오순절날 성령의 충만함을 받아 세상을 삼킬듯한 기세로 거침없이 살아가는 사도들처럼 성령충만을 구하여보자.

이전에 성령충만을 체험했으나 낙망 중에 있는 자도 실망할 필요가 없다. 죄와 더불어 사는 동안에 심령이 무디어져서 충만을 상실할 수 있다. 낙심에서 벗어나 하나님께 그동안의 삶을 회개하면서 다시 성령충만을 구하자.

후하게 주시는 하나님께서 성령의 충만을 주셔서 세상이 감당할 수 없는 그리스도의 군사가 되게 하실 것이다.

현대인들은
왜 피곤한가?

우리는 같은 신앙이라도 가능하면 원색적으로 깊이 하나님과 만나는 것이 좋다는 것을 알게 된다. 율법과 문화의 틀도 중요하지만 그 모든 것을 내려놓고 진정한 한 벌거벗은 인간으로서 만나는 것이 유익한 것이다.

실존주의 철학을 집대성한 J. 폴 샤르트르의 철학에 인간의 긴장을 이해하게 해주는 좋은 단서인 '대타존재'라는 흥미로운 용어가 있다.

그 '대타존재'는 사람이 있음으로 존재하는 여러 양태를 분석하는 가운데 설명되는 한 형태인데 그것을 쉽게 풀어 이해하면 다음과 같다. 사람은 원래 아무것도 가공되지 않고 분장되지 않은 벌거벗은 원래의 순수 모습이다.

그런데 그 순수 개인이 개인을 넘어 관계나 사회적 경험에서 둘러싸고 있는 주위의 여러 시선에 사로잡힐 때 그 시선들의 요구들에 의해 점점 가공되어지고 길들여지면서 바로 그 길들여진 존재로 위장되고 가면을 쓰고 있는 상태로 존재하게 된다. 그러니까 원래는 순수욕구를 가지고 있는 그 모습이 자연스럽고 편한데 '훌륭한 사람이 되어야 한다.

우리 공동체나 조직이 기대하고 요구하는 성실한 성품의 사람이 되어야 한다' 는 식의 타인의 시선으로 인하여 무의식중에라도 그 시선이 원하는 사람으로 위장하게 된다는 것이다. 그렇게 위장적으로 존재하는 형식을 대타존재라고 명명한 것이다.

설사 그 위장이 억지가면이 아니더라도 자연스럽게 관계와 환경에 적응해 가는 과정에서 자신도 의식하지 못하는 가운데서도 학습되고 발전시킨, 어쨌든 눈치 채지 못하는 위장은 위장이다.

그런데 원래의 자신이 아닌 그 가공되고 위장된 이미지와 형상을 유지하는 부풀림에는 많은 에너지가 지불된다는 것이 우리의 주목을 쉽게 끈다.

내면에는 원시적인 순수의 동물적 욕구가 이글거리지만 그 욕구를 부정하고 외면의 문화나 격이 요구하는 교양과 예의, 지성의 다른 얼굴로 치장하고 분장을 해야 하면서 현대인들은 일상적으로 긴장을 경험하고 스스로의 억압을 자초, 제법 깊은 스트레스를 받게 되는 것이다. 바로 이것이 지치고 피폐하게 늘어진 현대인의 수고와 짐의 근본 뿌리요 그 발생의 심리기제로 우리는 일면 이해해 볼 수 있다.

그러니까 현대인들은 육체의 움직임을 과거의 농경시대보다 문명의 이기로 현격히 줄어들었지만 농경시대의 사람들이 전혀 알지 못했던 새로운 형태의 폭증된 신경 노동을 일상적으로 소화해 냄으로 더 큰 노동에 시달리고 있다는 것이다. 그것도 삶의 절반이나 되는 긴 학교교육을 통해 지속적으로 학습되어 온 위장의 량, 더욱 문화화 되고 세련되고 성숙한 가치관과 에티켓, 삶의 정글과 층층위로 다변화된 관계와 공간들이 요구하는 더욱 큰 위장과 무장! 현대인들은 거의 살인적인 보이지 않는 압박에 내둘리고 있는 것이다.

이런 논리로 하면 더 많은 교육을 경험한 사람일수록 더욱 피곤하고 더 세련된 격식과 의무, 교양을 요구하는 상층의 전문직일수록 더 수고하고 무거운 짐을 지는 것이 된다.

똑같은 시간과 인원이라도 중요한 모임을 소화하고 나면 더 피곤하고 업무적으로 중요한 미팅이나 인터뷰를 마치고 난 후가 유독 더 심해지는 피로는 바로 이런 위장의 역학관계에서 발생한 것으로도 이해해 볼 수 있는 것이다.

그러면 이렇게 늘어지고 팽팽하게 당겨만 지는 긴장의 줄은 언제 어떻게 풀어질까? 그에 대한 답은 간단하다.

그 모든 위장과 긴장이 풀리는 지점은 바로 그 위장과 규범을 벗고 원시적 욕구의 순수 자신으로 돌아올 때이다. 넥타이를 풀고 양말을 벗고 민바지와 민저고리로 돌아와 무장해제를 할 때인 것이다. 가공되지 않은 원시 자연의 청정함을 경험하고 위장하지 않고도 편하게 대할 수 있는 가족이나 친구의 한 사람으로 돌아 올 때인 것이다.

그리고 원래의 인간으로 돌아와 하나님 앞에서 자신을 토로하고 부르짖고 울고 웃을 때에 그 긴장은 얼음이 녹아내리듯 풀리는 것이다.

이렇게 보면 신앙이라고 하는 영혼의 만남과 그 청정공간은 그 가치가 새삼 더욱 새로워진다. 그 원래의 파토스 속에서 피조물인 우리 인간은 본래의 창조주와 원시적으로 만나 모든 긴장과 고통, 살인적인 삶의 긴장을 풀고 창조적으로 새로워질 수 있다.

이렇게 볼 때 우리는 같은 신앙이라도 가능하면 원색적으로 깊이 하나님과 만나는 것이 좋다는 것을 알게 된다. 율법과 문화의 틀도 중요하지만 그 모든 것을 내려놓고 진정한 한 벌거벗은 인간으로서 만나는 것이 유익한 것이다.

이런 면에서도 우리 주님의 '수고하고 무거운 짐'을 벗기시는 영혼을 향한 진정한 초청은 피곤한 우리 현대인들에게는 진실로 위대한 복음이다.

이 시대는 육체와 정신은 물론이고 심지어는 영혼까지 지치게 하는 피곤한 시대이다. 양 어깨에 짐을 지고도 모자라 머리에 이고 등에 지고는 곧 쓰러질 것 같이 비틀대는 사람들을! 피로와 고통으로 우리의 눈에 눈물이 마를 날이 없다. 끊임없이 흐르는 눈물을 닦아줄 사람이 주변에는 없다. 모두들 지치고 힘들기 때문에 옆 사람의 눈물을 닦아줄 여력이 없는 것이다.

이 환란 많은 세상에서 자기 마음에 평안을 얻고 싶지 않은 사람이 어디 있겠는가?

　현대는 어떤 이의 말대로 불확실성의 시대에서 잠시도 불안과 긴장에서 헤어나지 못하고 있다. 그래서 마음의 평화가 늘 갈망되는 것이다.

　우리에게 견디기 어려운 짐을 지어주고 있는 것은 그 요인이 밖에 있지 않고 도리어 자신 안에 있다. 그것은 내가 진정으로 예수께 나아가지 못하고, 그분의 겸손을 배우지 못하며 그분의 멍에를 메지 못했기 때문이다.

　이제 주께서 우리를 위해 예비해 놓은 평안을 얻는 참 비결을 실천함으로 삶의 진정한 만족과 기쁨을 얻자.

part 7

31 · 시소와 그네 1

32 · 시소와 그네 2

33 · 사람을 잘 모르는 기독교인

34 · 다시 생각해보는 선교

35 · 교회 개혁의 핵심 과제

다이돌핀이
　　주는 지혜

시소와 그네(1)

이쪽과 저쪽이 서로 논리적으로는 상반되게 보인다고 하더라도 서로의 배면작용으로 해서 가장 훌륭하게 역학적으로 움직인다. 이것은 단순한 융합이나 서로가 그냥 일정한 지분으로 섞이는 종합이 아니다. 양극단이 극단으로 그대로 존재하되 그 극단의 역동으로 하나의 기능적인 통일운동을 아름답게 밀어 올린다는 그런 의미에서의 하나이다.

달포 전 우리나라를 방문, 세미나를 인도하고 간 세계적인 기독교 미래학자 레너드 스윗은 양 극단을 아우르는 '통(通)'의 사고를 들고 나와 화제를 불러일으키고 있다.

그는 이번 5월의 방한 때에도 어떤 기자와의 대담에서 이런 말을 했다.

문/ 어떻게 변해야 하나?

답/"미래를 향해 나아가야 한다. 미래란 성경에 나타난 교회 본래의 모습(Original Operating System)을 말한다. 그곳으로 돌아가야 한다. 한국도, 미국도 마찬가지다.--- 예수님은 '나의 가르침을 따르라'고 하지 않았다. 대신 '나를 따르라'고 했다. 예수님은 '가르침'을 주러 온 것이 아니라 '삶' 자체를 주러 온 것이다. 그런데 교회가 원리와 원칙, 주장과 교리에 집착하면서부터 예수님 말씀에서 멀어진 것이다.---하나님께선 인간에게 동. 서양적인 마인드를 함께 주셨다. 그러나 서양에선 예수님 말씀을 쪼개고, 나누고, 분석하고, 해체했다. 늘 이원론적인 방법으로만 접근했다. 선과 악, 밝음과 어둠, 높음과 낮음으로 나누었다. 이런 서구적인 방식을 통해선 한계가 명백하다. 동양적인 마인드가 열쇠다."

문/ 동양적인 마인드란 뭔가?

답/"동양적인 마인드는 원형적이다. 시작과 끝이 하나이다. 예수님은 늘 동. 서양적인 마인드를 함께 던졌다. '나는 가장 큰 자요, 또 가장 작은 자다' '나는 평화를 주러 왔고, 동시에 칼을 주러 왔다' '뱀처럼 지혜롭고, 비둘기처럼 순박하라'고 했다. 예수님 말씀은 철저히 반(反)이원론적이다. 그 반이원론적인 정서와 토양이 바로 동양에 있다"

그가 설명하고 촉구하는 '반 이원론적' 이란 것은 어떤 것일까?

이를테면 레너드 스윗, 그 자신의 설명처럼 시소와 같은 것이다. 혼자서는 탈 수 없는 시소는 상호 반작용에 의해서 상하로 움직인다. 그러므로 시소에서는 너와 나가 따로 없다. 이쪽과 저쪽의 극단이 다 한 몸이다.

이쪽과 저쪽이 서로 논리적으로는 상반되게 보인다고 하더라도 서로의 배면작용으로 해서 가장 훌륭하게 역학적으로 움직인다. 이것은 단순한 융합이나 서로가 그냥 일정한 지분으로 섞이는 종합이 아니다. 양극단이 극단으로 그대로 존재하되 그 극단의 역동으로 하나의 기능적인 통일운동을 아름답게 밀어 올린다는 그런 의미에서의 하나이다.

우리는 흔히 이쪽이냐? 저쪽이냐? 하며 어느 한 쪽을 고집하고 그 한 쪽에 속하고 선택하기를 강요한다. 그런 패러다임으로 우리 사람들은 예수님까지도 이쪽이냐? 저쪽이냐? 하고 구별을 해 놓아야만 직성이 풀리지만 예수님은 시소, 그 자체로 계신다는 것이다.

성경에 나오는 여러 상반되어 보이는 진술이나 규명들도 이런 반 이원론적 사고로 보면 오히려 더욱 선명하게 이해된다.

마태복음 10:34의 평화와 칼이나 하나 됨과 성결의 분리, '뱀처럼 지혜롭고 비둘기처럼 순결함 같은 양극단의 진술들은 어느 한 쪽을 선택하는 가르기 식의 사고로는 온전한 이해가 불가능해 지지만 시소처럼 한 몸으로 읽게 되면 어렵지 않게 가슴에 닿도록 읽혀지게 된다.

또한 이를테면 성경의 종말론 같은 것도 이런 '통'의 사고로 하면 이해하는 폭이 좀 달라진다.

마태복음 24장이나 계시록의 마지막 '때'도 일직선상으로 다가오는 공간적인 시간의 종말이기도 하지만 그 종말은 또한 지금 현재의 말씀의 능력에 의한 갱신의 능력으로도 진행되고 있는 영적인 차원이기도 한 그 양면을 동시에 다 포함하게 된다.

마태복음 24장에서는 분명히 물리적 시간의 종말로 설명되고 있지만 또 다른 성경에는 또 다음과 같이 내적인 차원으로 선포되고 있기 때문이다.

"바리새인들이 하나님의 나라가 어느 때에 임하나이까 묻거늘 예수께서 대답하여 가라사대 하나님의 나라는 볼 수 있게 임하는 것이 아니요, 또 여기 있다 저기 있다고도 못하리니 하나님의 나라는 너희 안에 있느니라"(눅17:20, 21)

'종말'도 물리적인 시간으로서의 종말과 인간의 내면에서 현재진행형으로 일어나는 영적인 시간으로서의 종말이 이렇게 나란히 병렬된다면 이것도 어느 한 쪽의 포맷으로만 읽혀 질 일이 아닌 것이다. 이렇게 읽혀질 때 비로소 성경은 온전한 통 속에 이해된다는 것이다.

곧 '마지막 때'라고 해서 물리적인 시간의 끝으로도 읽혀져 우리가 그 때를 위하여 늘 그 긴장에 눌리는 것이 아니라 지금 현재의 삶도 충분히 존중하여 늘 빛과 소금으로서 성실을 다하는, 누려지는 전인적 삶의 차원도 가능해진다는 것이다.

어쨌든 레너드 스윗은 서구의 논리 실증주의적 성격의 신학이 놓치고 있는 이런 동. 서양을 아우르는 해석의 패러다임을 제시하며 보다 성경적인 안목을 촉구하고 있다.

어떤 사람들은 한편, 이러한 레너드 스윗의 '통' 적 사고가 신비주의적이라며 부정적으로 보는 사람들도 있다. 그리고 기존의 신학적 사고와는 다소 차이가 나는 것으로 경계를 해야 한다고 생각하는 사람들도 있다. 그가 역설하는 '아우르는' 사고가 어떻게 검증될지는 시간을 두고 좀 지켜보아야겠지만 어쨌든 우리가 참고해 볼만한 가치는 있다고 본다.

그러나 신비(비밀한 일)란 성령을 받아야만 알 수 있는 열쇠인 것이다.

오직 하나님의 성령으로 이것을 우리에게 보이셨으니 성령으로 모든 것 곧 하나님의 깊은 것이라도 통달하시느니라(고전 2:10)

너는 내게 부르짖으라 내가 네게 응답하겠고 네가 알지 못하는 크고 비밀한 일을 네게 보이리라(렘33:3)

는 말씀대로 미래의 모든 일을 주관하며 계시는 이는 오직 하나님뿐이므로 그분께 간절히 매어달려야 함을 상기시킨다.

부르짖으라의 히브리어 '카라'는 '절규하다'의 의미로서

심한 갈증 속에서 물을 달라고 하나님께 부르짖던 삼손의 모습이나 자식의 잉태를 위해 간구하던 한나의 모습을 연상할 수 있다.

어리석은 자가 되지 말고 오직 주의 뜻이 무엇인가 이해해야 한다.

예수님의 열두제자들은 3년 동안이나 예수님을 따라다니며 그의 교훈을 받았으나 그들의 사명을 감당하기에는 역부족이었다. 그러나 그들은 오순절 성령강림 사건을 통해 성령의 충만함을 받았을 때에 비로소 그 사명을 온전히 수행할 수 있었다. 그런데 우리는 이 사실을 잊어버리고 우리의 지식과 의지로 하나님을 섬기려 한다.

우리가 성령의 충만함을 받지 못하면 우리를 향하신 주님의 뜻이 무엇인지 이해하지 못할 뿐만 아니라 주님의 뜻을 끝까지 즐거움으로 순종할 수도 없다.

어떤 자들은 성령 충만이 특정한자에게 한정된 것으로 생각한다. 만일 그렇다면 사도바울은 우리에게 '오직 성령 충만을 받으라'고 권면하지 않았을 것이다.

성령 충만은 그것을 요구하는 자에게 반드시 주어질 하나님의 약속이기에 바울이 우리에게 그 권면을 하게 되었음을 기억해야 한다.

시소와 그네(2)

그네가 더욱 힘차게 공간을 가르며 앞으로 차고 나가기 위해서는 그 원하는 크기만큼이나 반드시 뒤로 치고 나가는 대칭의 반사적 동작이 확보되어야 한다. 반대의 대칭적 동작의 량이나 탄력만큼 비례적으로 정확하게 앞으로 나갈 수 있다.

교회의 기능적 '변화'를 역설하는 기독교 미래학자 레너드 스윗은 그 변화를 강조하며 다음과 같은 '그네'론을 명시하는 것을 잊지 않는다.

그네의 움직임은 전적으로 상호반동의 탄력작용의 원리에 의지하고 있는데 '변화'도 마찬가지라는 것이다. 흔히 좋은 게 좋은 것이라고, 새로운 자극과 동기를 위하여 변화를 위한 변화를 말하기 쉽고 또 변화를 말해야만 인기를 얻고 신선하고 창의적이라는 평가를 받을 수 있어서도 사람들은 다투어 변화를 주창하고 말하기를 좋아하지만 그 변화라는 것도 결코 그렇게 단순한 것이 아니라는 것이다.

그네가 더욱 힘차게 공간을 가르며 앞으로 차고 나가기 위해서는 그 원하는 크기만큼이나 반드시 뒤로 치고 나가는 대칭의 반사적 동작이 확보되어야 한다. 반대의 대칭적 동작의 량이나 탄력만큼 비례적으로 정확하게 앞으로 나갈 수 있다.

변화의 원리도 이와 똑 같다는 것이다.

만약 교회가 미래를 향하여 더욱 기능적으로 변화하기를 원한다면 노리는 변화의 기능성만큼이나 기존의 교리적 확신이나 기독교 고유의 전통적 정체성에 대해 그만큼 건강한 자기 확신을 가져야만 한다. 변화에도 기존의 교리적 정체성이 희석되거나 혼돈이 초래되지 않을 정도로 먼저 정체성에 대한 자기 존중과 점검이 역학적으로 필요한 것이다.

이러한 상호역학관계의 균형을 충분히 고려하지 않고 그냥 감상적인 동기로나 피상성으로 변화를 말하게 되면 그 변화는 결국 진정한 변화가 되지 못할 뿐만 아니라 기존의 기독교 고유의 근본진리나 교리적 확신까지도 흐릿해 지는 화를 불러 오고 만다. 그렇게 되면 문자 그대로 주객이 뒤바뀌어 기독교를 위한 변화가 아니라 변화를 위한 기독교가 되어버리는 것이다.

과거 우리 교회사를 보면 이렇게 비정상이 정상을 압도해 버리는 예가 없지는 않았던 것을 우리는 알고 있다.

특히 19, 20세기 초에 나타났던 자유주의의 사조가 그런 예가 될 것이다.

교리적 명제와 규정, 확신 속에만 안주(?)하고 있던 정통주의에 대한 반사로 자유주의자들은 기독교를 보다 기능적으로 세속의 사조와 문화로 설명하고 적용하고자 했다.

그렇게 보다 유연하게 나오지 않으면 점증하는 과학주의나 합리적 이성이 지배하는 기술문명에 도태해 결국은 기독교가 죽은 화석만 남게 될 것이라고 본 것이다. 그래서 열심히 그들은 복음을 문화로 설명하고 재해석하는 데에 몰두했지만 결국 우리 기독교의 고유한 근본진리나 교리적 확신까지 물컹해지는 데까지 이르게 된다.

보다 기능적인 변화를 위해 원하는 문화적 적용점이나 감각을 획득하기에는 어느 정도 성공했지만 인간과 그 문명에 대한 진정한 해답을 줄 수 있는 기독교 고유의 내적 체계를 부작용으로 흐려 버린 것이다. 결국 변화를 위해 지나치게 문화적으로 접근한 나머지 문화위에 있는 믿음과 신앙의 차원까지 문화로 읽는 우를 범하게 된 것이다.

자유주의는 그렇게 변화를 강조하다가 도끼의 날 뒤에 붙어 있어야 할 뭉치만큼 중요한 그네의 뒷면을 주목하지 못했던 것이다.

어쨌든 진정한 변화를 위해서는, 그 변화를 위해서라도 정통적인 확신과 자기 정체성은 핵심으로 늘 필요하다. 변화를 위해서는 그 변화를 반사적으로 밀어주는 '변하지 않는' 기독교에 대한 보다 분명한 태도와 믿음에 대한 건강한 이해가 더욱 존중되어야만 한다.

이런 역학관계를 잘 알고 있는 레너드 스윗이 그러므로 그 네론을 말하는 것은 너무나 지당한 발상이리라.

이렇게 되면 '변화'는 곧 '변하지 않는 자기 정체성'이다. 변할 수 없는 '정지'는 그러므로 곧 바로 변화라는 역설로 이해된다.

변화가 강조되고 변화가 중요한 현안으로 발전할수록 고유한 근본진리도 그만큼 중요해지고 그 근본믿음에 대한 자기 규명과 확신의 작업도 반사적으로 선명하게 심화되어야 한다. 시소의 경우처럼 레너드 스윗의 이런 논리로 한다면 결국 변화와 정지도 어느 한 쪽의 양극단이 아니라 한 몸이다. 정지를 말하지 않고서는 변화를 말할 수 없고 변화를 말하지 않고서는 정지를 말할 수 없다.

곧 이 양자도 양극단이 아니라 하나의 '통(通)'인 것이다.

이런 시각과 서구인으로서는 좀 생소한 동양적 패러다임으로 레너드 스윗은 기독교의 미래를 말하고 변화를 설명하고 있어서 더욱 흥미를 끌고 주목을 받고 있다. 그가 세계적 명성을 얻는 것도 바로 동서양을 넘나드는 이런 경쟁력과 매력 때문이다.

어쨌든 그의 '통'의 사고와 접근에도 비판의 여지가 없는 것은 아니지만 우리에게 좋은 자극과 도전이 될 수 있는 것으로 판단된다.

하나님께서 변하게 하시는 것은 사람의 얼굴빛, 때와 기한, 사람의 마음, 강을 광야로, 영화를 욕으로, 강과 시내를 피로, 바다를 육지로, 노래를 애곡으로, 빛을 흑암으로, 반석을 못으로, 광야를 못으로, 슬픔을 춤으로, 저주를 복으로, 애통을 길 한날로, 뜨거운 사막을 못으로, 육적 몸을 영광스러운 몸으로 변하게 하셨다.

마르틴 루터는 '세상은 속이며 속기를 원하므로 진리와는 아무런 관계가 없다' 고 하였다. 여기서 세상이란 아름다운 자연계나 복잡한 인간사회를 의미하는 것이 아니다. 그것은 순전히 세속적이고 무신론적이고 유물론적이고 어두운 악의 영역으로 하나님을 떠난 사단이 지배하는 세상, 하나님의 심판의 대상이 되는 세상을 말한다.

이 같은 세상은 쾌락으로 그리스도인들을 시험하고 공격한다.

이 세상에서의 성도의 삶은 위험투성이다. 육신의 정욕뿐 아니라 지혜와 지식도 우리의 눈과 마음을 유혹한다.

하나님께서는 우리가 이 세상에 살면서 창조적인 문화 활동을 통해 당신께 영광 돌리기를 원한다. 그러나 동시에 죄에 속한 세상 것들과 짝하여 사는 것을 원치 않으신다.

죄악된 세상 것들은 우리를 파멸로 이끈다. 오직 예수 그리스도와의 사귐만이 이 세상에 대한 정욕으로부터 멀리하게 할 수 있다.

그러므로 변하지 않는 것은 삼위일체 하나님(성부, 성자, 성령)뿐 이시다.

각양 좋은 은사와 온전한 선물이 다 위로부터 빛들의 아버지께로 내려오나니 그는 변함도 없으시고 회전하는 그림자도 없으시니라(약1:17).

예수 그리스도는 어제나 오늘이나 영원토록 동일하시니라(히13:8).

또 하나님이 맹세하신 것과 말씀하신 것으로 하나님은 약속을 기업으로 받는 자들에게 그 뜻이 변치 아니함을 충분히 나타내시려고 그 일에 맹세로서 보증하셨나니(히6:17).

부와 권세를 많이 가질수록 사람들은 자신의 힘과 장래를 자랑하지만 하나님께서는 그것을 헛되고 헛된 것으로 여기신다.

사람들은 자신들이 튼튼한 반석위에 집을 짓고 있다고 여기지만 하나님께서는 그들이 모래위에 집을 짓고 있다고 말씀하신다. 하나님은 말씀 한마디로 이 세상 모든 것을 둘둘 말아 버릴 수가 있다.

사람을
잘 모르는 기독교인?

창세기에 비친 원죄와 자범죄, 욕망과 욕구, 미움과 증오들——
결국은 내가 타도해야하고 싸워 이겨내어야 할 저 콘크리트 철
벽은 바로 타인이 아니라 나 자신의 모습, 더도 덜도 아닌 바로
'나'의 모습들이 아닌가?

80년대의 어떤 이름 있는 여성 노동운동가의 고백을 신문 지상에서 읽어 본적이 있다.

누구 못지않게 열 화산 같은 남다른 열정과 이론을 갖춘 활동을 통해 당시로서는 지고의 선으로 여겼던 민주화와 노동현장의 인권신장을 위해 투쟁했던 그녀! 결혼도 하지 않고 그렇게 스스로 자신의 삶의 자리를 '투쟁'으로 규정하고 그 '싸움' 속에 자신의 모든 것을 올인 했던 그녀---.

그렇게 치열했던 열정의 결과로 남다른 명성을 얻게 되었지만 그만큼 한 편으론 늘 마음의 한 켠이 공허했다고 한다.

세상을, 가진 자와 못 가진 자로 대칭의 선을 가르고 기존의 기득권을 타도해야만 할 절대 악으로 설정, 그 권력의 그늘에 묻혀 신음하고 고통 받는 구조적 예속인들---삶이 왜 어려워지는지에 대해 자각도 질문도 없는 그들의 편에 서서 자신을 던지면 그래도 가난하고 힘들어도 정의의 편에서 백지종이 한 장이라도 맞드는 그런 자기 만족감과 행복을 맛볼 줄 알았는데 마음 깊은 곳에서는 뭔가 핵심적인 것이 빠져 있다는 어떤 자괴감을 느껴왔다는 것이다.

투사의 세계관이 전부일까? 거칠게 배척하고 싸우고 빼앗아내어야만 한다는 반정립의 우주관이 한 인간으로서의 내가 살아간다는 삶의 내용의 전부가 될 수 있을까?

사회적 취약 층의 편에 가담한다고 하는 도덕적 만족감과 우월감이 자신의 투쟁의 동기와 동력이 되어 줄 정도로는 경험이 되어 지지만 그것이 내 마음의 심원한 욕구의 우물, 밑바닥을 적셔줄 진정한 그 무엇인가? 하는 질문에는 자신이 없었다고 한다.

그러기를 십 수 년, 마음은 지치고 공허하고 뻥 뚫린 파문---그 중력의 크기는 폐부를 갉아먹듯 도시 공동화처럼 커져만 간다.

이유를 알 수 없는 이 유실을 보다 적극적인 투쟁과 몰입으로 극복하고자 그럴수록 더욱 활동에 매달려 보지만 더 큰 메마름만 자초할 뿐이었다.

마침내 내 안의 이 피폐함도 순화 시킬 겸 이 여성 운동가는 보다 전문적인 운동의 논리와 이론을 공부하기 위해 유럽으로 유학을 가게 되는데---.

학기의 틈새 방학기간 그는 뜻하지 않게 찾아갔던 어떤 교회의 치유프로그램에서 내면의 충격을 경험하게 된다.

그렇게 미워하고 배척하던 불의와 절대 악, 그 원리와 힘들이 미숙한 나라의 권좌와 불의의 권위위에 위압적으로 뿌리를 뻗치고 구축하고 있지만 그 혐오스런 악들이 사실은 그 혐오와 싸우는 내 내면과 의식, 무의식속에 먼저 고스란히 원형으로 살아있지 않은가?

창세기에 비친 원죄와 자범죄, 욕망과 욕구, 미움과 증오들---결국은 내가 타도해야하고 싸워 이겨내어야 할 저 콘크리트 철벽은 바로 타인이 아니라 나 자신의 모습, 더도 덜도 아닌 바로 '나'의 모습들이 아닌가?

해머로 얻어맞은 듯한 충격을 받은 그녀는 이후로 밀실의 기도실로 들어가 절대자의 권위 앞에서 머리를 찧으며 미친 듯이 고통하며 오열했다고 한다.

스스로 악으로 규정하고 거칠게 배척했던 혐오의 보편 '인간'과 그렇게 여 전사는 화해를 한 것일까?

곧 비로소 진정한 자신을 만난 것일까?

그렇게 거듭나는 사건 이후로 맹렬 여성전사의 세계관과 투쟁도 확연히 달라졌다.

여전히 불의한 힘과 권세들 구조적 마력은 이겨내어야 할 대상이었지만 그것은 같은 인간의 조건으로서 극복의 대상이지 미움과 타도의 대상이 더 이상 아니다!

힘을 불의하게 집행하고 행사하는 가해자나 그 힘의 선악을 변별하지도 못한 채 무뇌적으로 순응하고 당하는 무지한 피해자나 고통 받는 연약한 인간들일진대 --- 그렇다면 이제 투쟁도 사랑이다.

과거에는 외면을 정죄하고 배척했던 반면의 부정에 몰입하느라 스스로의 양심과 자신의 인간성에도 상처를 주고 자해를 가한 더 큰 반사적 폭력을 볼 수가 없었는데 이제 그것이 눈에 보인다. 악의 힘에 눌리고 얽힌 가해자의 고통이 보이고 그 가해자의 힘에 눌린 무력한 사람들의 고통이 보인다.

그것이 또한 인간의 몸 안에서 하나로, 내안의 고통으로 보인다.

그 후로 그녀는 돌아와 생명운동으로서의 투쟁을 수행하게 되었다고 고백한다. 더 이상 폭력과 극단에서 그녀는 상처를 경험하지 않는 유능한 치유자로 거듭난 것이다. 이제 그녀는 더욱 건강하고 생산적인 방식으로 자신의 활동을 발전시키고 그 활동으로 자신을 치유하고 순화시키는 신앙의 밀애에 빠져 있다고도 고백한다.

언젠가 개인적으로 어떤 선배 목사님이 필자에게 하나님을 아는 만큼 이제는 사람도 알아야 할 것이라는 조언을 한 적이 있는데 필자는 그 선배의 말에 공감하는 편이다.

칼빈도 1559년판 〈기독교 강요〉의 첫 문장에서 이런 글을 남기고 있지 않은가? "진정하고도 건전한 지혜는 두 부분으로 이루어져 있다. 하나는 하나님을 아는 지식이요, 다른 하나는 우리 자신을 아는 지식이다. 그리고 그 둘은 긴밀하게 연결되어 있지만, 어느 것이 선행하는지 말하기는 어렵다"

그때 그 선배는 오늘날 사역자들이 하나님에 관해서 신학이나 목회기술, 기도나 은사적 능력에 관해서는 최고의 심화된 지식과 정보를 향유하고 있지만 사람을 이해하고 아는 데에는 관심이 없고 미숙하다는 말도 덧 붙여서 했던 것으로 기억된다.

칼빈이나 그 선배의 말이 아니더라도 하나님을 아는 것은 피조물인 인간을 그만큼 깊게 통찰하고 해석할 수 있는 시각의 필터를 경험하는 일일 것이다.

또한 사람을 알면 알수록 그만큼 하나님이 크고 깊게 체험되는 지반을 얻는 것과 다름이 아닐 것이다. 하지만 우리 교회의 문화에는 이 두 영역의 차원이 무관하게 분리되어 있는 것으로 보인다.

절대자 하나님을 섬기고 그 힘으로 자신의 행동을 변개시키고 타인의 삶과 그 내용을 변화시키는 것을 주요 목적으로 하는 교회의 믿음과 사고가 이렇게 인간을 이해하기 힘든, 사고구조로 분리되어 있다면 어떻게 될까? 그만큼 진정한 회개의 사람이 경험되기가 어렵게 될 것이다.

그래서 우리는 이런 문화를 깔고 앉아 있으면서도 우리가 우리 스스로들에게 교회를 출입하는 교인은 이렇게 많은데 왜 주님을 따르고자 하는 제자가 드물까? 하는 말들을 자조적으로 하게 되는 지도 모른다

어쨌든 운동권의 변화했던 한 '사람'에 대한 인터뷰 기사를 보며 필자는 그 때 많은 것을 생각하게 되었던 것을 기억한다.
나 역시 사람의 영혼을 다루는 영적 의사의 한 사람으로 사람이 고통 받고 방황하는 내용을 잘 모르고 있는 것이 아닌가? 그리고 그런 류의 과정을 어떤 방식으로든 소화하고 있는 현대인들의 거듭난다고 하는 차원을 지나치게 교리적 필터로만 이해하고 있는 것은 아닌가 하는 반성적 질문과 함께---.

내가 큰 환난과 애통한 마음이 있어 많은 눈물로 너희에게 썼노니 이는 너희로 근심하게 한것이 아니요 오직 내가 너희를 향하여 넘치는 사랑이 있음을 너희로 알게 하려 함이라(고후2:4)

그리스도 향기인 하나님의 백성은 세상의 그릇된 악취들을

제거하면서 완전히 극복하여 이기면서 전진한다는 것이다.

세상에 살면서 세상에 이끌리어 사는 것이 아니라 세상을 하나님 나라로 변화시키며 사는 그리스도인의 적극적이고 생동력 있는 삶이다. 수동적이고 방어적인 것이 아니라 세상을 올바르게 개혁하면서 사는 주체적이고 책임지는 자로서의 삶이다.

오늘날 교회와 성도들은 그리스도의 향기로서의 자기모습을 상실하고 사는것이 아닌가 생각된다.

적어도 그리스도인의 삶은 세상을 이기는 삶이다.

이김은 관념적이고 피안적인 것이 아니라 구체적이고 실제적인 이김이라는 사실을 명심해야한다. 성도는 환난을 능히 이기고 나아가며 오늘의 환난은 내일의 영광을 위한 하나의 단계라고 할 수 있다.

오늘날 우리는 무슨 고통을 하나님나라를 위해 받으며 그 나라에 동참하고 있는가. 혹 그 환난을 피하기 위하여 그릇된 노력을 하며 살아가지는 않는지.

다시 생각해 보는 선교

신뢰관계가 형성되기도 전에 교회의 위대함을 먼저 선포하고 마음을 얻고 그 문이 열리기 전에 구멍에도 맞추지 못하는 황금열쇠를 성급하게 들이대며 드라마틱한 회개를 이야기하는데 한국 교회는 교회의 위대성을 보여주지 못했고 말처럼 그렇게 진정성 있는 신앙의 내용의 힘을 보여 주지도 못해 바겐세일 싸구려의 이미지로 읽혀지고 비쳐진다.

-
-
-

　필자가 개인적으로 아는 어떤 목사님은 개척 수년 만에 섬기는 교회를 중형교회로 성장시켜 주위에 큰 반향을 일으켰는데 그 성공(?)의 과정 또한 평범하지 않아 좋은 도전을 주고 있다.
　무슨 무역관련 사업을 하다 늦게 부름을 받은 그 목사님의 개척 전략은 좀 남달랐다.
　우선 교회를 세우기 전에 교회가 자리한 주변 지역의 민심을 얻는 것이 중요하다고 판단, 처음부터 좀 우회적인 방법으로 접근을 한 것이다.
　어떤 시선을 끌만한 이벤트나 자극적인 봉사활동 같은 것을 벌일 자본도 있을리 없고 그런 기획적인 연출이나 조작(?)적인 행사를 끊임없이 생산해 낼 그런 기획 꾼(?)같은 기질은 더더욱 아니었던 그 분은 먼저 마음으로 접근, 자신이 실천할 수 있는 작은 것부터 시작했다고 한다.

열악한 변두리 지역이라 노점상이 많았던 좁은 교차로의 골목의 특성을 감안, 가장 낮은 그들의 마음부터 두드리기 시작했다. 친절하게 대하고 거스름돈은 절대로 받지 않았으며 꼭 손을 맞잡은 축복과 격려의 인사를 잊지 않았다. 일부러라도 그 분들의 물건을 사 주었다.

노점상의 할머니 할아버지, 주변의 상가들도 마찬가지로 한결 같이 그렇게 대했다.

처음에는 '별나게 마음씨 좋고 친절한 사람도 있구나!' 하는 정도의 반응이 돌아왔지만 수개 월 동안 계속 반복되니까 그 상인들 사이에서 저절로 입소문이 형성되고 그것이 누룩처럼 번지고 돌아다녔다.

그런 작은 실천가운데서 그 목사님은 단 한 번도 예수님이나 교회 이야기를 하지 않았는데 그런 그의 행동은 주변의 상인들에게 더 큰 신뢰를 불러 일으켰다.

한 번 민심을, 그것도 가장 강력하고도 끈끈한 힘을 발하는 시장의 밑바닥에서 검증된 민심을 얻게 되자 교회도 자연스럽게 부흥하기 시작했는데 그 속도가 점점 유속을 더해만 간다. 주변의 상인들이 입소문을 퍼뜨려 주었고 자신들은 교회를 나오지 않더라도 신앙에 관심을 가지고 있는 주변 사람들을 만나면 반드시 그 목사님이 섬기는 교회를 소개해 주었다. "그 목사는 진짜더라! 교회를 다니려면 작아도 그런 진짜목사가 운영하는(?) 교회를 다녀야 한다!"는 것이 그들의 지론들이었다.

요란한 가두전도나 자극적인 능력전도도 분명 성령이 함께 하시고 그 가운데서도 찔림을 받거나 극적인 회개를 하는 신자를 얻을 수 있지만 그것은 좀 특별한 경우로 일반적인 것은 아니다.

일회적으로 지나가는 선교 팀이 아니라 그 지역에서 숨 쉬고 건강한 뿌리를 내려야 할 지역교회라면 요란한 전도와 같은 자극적인 방식보다는 좀 길고 지루하지만 지역 저변 층의 지지와 민심을 확보하는 방식을 택하는 것이 장기적으로는 더 효율적일 수가 있다.

특히 교회의 존재가 충분히 알려져 있는 한국적 상황에서는--- 처음부터 그렇게 좀 길게 생각하고 그렇게 접근했던 그 목사님의 생각이 제대로 통했던 것이다.

그렇게 해서 그 교회는 100개의 개척 교회 중에 3년 안에 거의 모든 교회가 문을 닫는 한국의 개척현장에서 그것도 짧은 시간에 1,000명의 성도에 육박하는 건장한 교회로 세워질 수가 있었다.

필자는 개인적인 생각인지 몰라도 오늘날 벽에 부딪힌 전도나 선교에 관한 소식을 접할 때 마다 그 목사님의 이야기를 자주 떠올리곤 한다.

그 목사님의 사례 자체가 완전한 모델이 될 수 있다는 뜻에서가 아니라 적어도 전도의 어떤 원리 같은 것을 말해 줄 수 있다는 의미에서---. 위의 사례는 적어도 전도나 선교에도 기다릴 줄 알아야 한다는 기본적인 원리와 신뢰의 중요성을 잘 깨닫게 해 주는 경우로 생각해 볼만하다.

우리 한국인들의 성향처럼 한국 교회의 전도나 선교 마인드에도 기다림의 '미학'이 부족한 것은 어제 오늘의 일이 아니다. 불기둥에 기름을 들이 부은 것처럼 현장을 향해 뛰어들고 돌진, 금방 뜨끈뜨끈한 결과들을 용맹하게 만들어 내지만 항상 장기전에서는 미숙하고 흔들리고 마침내 길을 잃고 마는 것은 늘 자주 보는 일들로 즐거운 일이 아니다.

이런 기다리지 못하는 전도의 대표적인 사례를 들라면 필자는 단연 방문전도의 예를 들고 싶다.

한 이십 년 전만 해도 새 아파트가 들어서고 입주가 시작되면 전도전쟁이 시작되었던 것을 우리는 잘 기억하고 있다.

인근 교회들이 다투듯 입주환영 플래카드를 내 걸고 교회별로 들이대고 갖다 쌓아 놓은 인쇄 홍보물, 선물들이 문 밖에 쌓이고 그리고는 교회들이 경쟁하듯 각개 격파에 들어가는데---.

하루에도 몇 번씩의 전도방문을 경험하는 입주자들로서는 입주의 설레임도 잠깐, 며칠만 지나면 이런 '예수쟁이'들의 초인종 소리에 짜증이 나고 금방 신경이 날카로워 진다.

전도의 복음이 여기서부터는 복음이 아니라 불쾌와 무례한 혐오를 유발하는 소음과 다름이 아니다.

이렇게 해서 문을 열어 주는 빈도가 점점 야박해지면 이제는 좀 더 자극적이고 변칙적인 방법들이 동원되는데 이 때 쯤 개발(?)되는 방법이 "밑에서 왔습니다!"와 같은 문 열기 유도답변이나 열린 문을 닫지 못하게 하는 '발 걸기' 같은 수법이다. 그렇게 수단과 방법을 가리지 않고 돌진하면 분명 효과는 있고 어느 정도 개별적인 전도의 열매들을 얻기에는 성공할 수 있다.

하지만 그렇게 해서 효과를 보고 성공한 케이스가 있다고 그것으로 또 세미나를 만들고 상품화(?)를 만들어 선전하지만 전체적으로는 그 성공이 진정한 성공이 아니라는 것을 깨닫는 데는 그렇게 많은 시간이 걸리지 않는다.

그렇게 자극적인 전도로 눈에 보이는 효과들을 맛보는 사이에 주택의 문들은 점점 굳게 닫히고 거시적으로는 아파트의 문들을 아예 접근 불가능한 철벽의 문으로 만들어 버린다.

이제 교회들은 사람들이 아파트의 문을 이중 삼중으로 걸어 잠그면서 교회에 대해서도 불쾌의 경험에 길들여져 마음의 문까지 걸어 잠그는 참담한 반응들을 목도하며 축호전도 자체를 시도하지 못하는 불신의 지경에 이른다.

결국 수십 년 앞도 내다보지 못하는 단선적인 접근과 행동으로 부분적인 눈에 보이는 열매를 얻는 대신 장기적으로는 교회는 신뢰를 잃어버리는 냉혹한 현실을 확인하며 무력감을 얻게 되고 전체적으로는 더 중요한 교회의 이미지가 치명적으로 훼손되는 어려움을 자초해 오늘의 현실처럼 당황해 하게 되는 것이다.

예수님께서도 씨 뿌림과 추수의 비유들을 통해 기다림을 말씀하셨고 선행과 '모범' '바름'을 통해 신뢰와 인정, 진정성, 개인과 사회를 치유하는 투명한 힘의 경쟁력을 말씀하셨는데 한국 교회는 유독 사도행전의 베드로 식의 가두전도 방식만, 그것도 피상적으로 집중해 사안의 균형을 깨뜨린다.

복음의 '능력'에 대한 몰 이성적인 접근으로 '복음'이라는 말만 크고 요란하게 확성기로 외치면 민심과 이웃들의 신뢰 같은 부수적인 열매들은 저절로 이루어지고 생겨나는 것으로 믿는 데에 아무런 의심을 경험하지 못한다.

신뢰관계가 형성되기도 전에 교회의 위대함을 먼저 선포하고 마음을 얻고 그 문이 열리기 전에 구멍에도 맞추지 못하는 황금열쇠를 성급하게 들이대며 드라마틱한 회개를 이야기하는데 한국 교회는 교회의 위대성을 보여주지 못했고 말처럼 그렇게 진정성 있는 신앙의 내용의 힘을 보여 주지도 못해 바겐세일 싸구려의 이미지로 읽혀지고 비쳐진다.

결국 세상만 길을 잃고 방황하는 것이 아니라 이제 이쯤 되면 이 땅의 유형교회도 '방황하는 내국인'처럼 스스로 길을 잃고 표류하게 되는 것이다.

전도와 선교는 우리 개신교의 트레이드마크처럼 잘 알려진, 그만큼 소중한 영역이요 실천이다.

이러한 믿음이 추호도 흔들릴 수 없기에 우리는 더욱 더 전도의 현장에 진중성과 지혜를 묻게 된다.

교회 개혁의
핵심 과제

교회를 혐오의 이미지에서 신뢰와 존경의 이미지로 변화시킬만 한 개혁은 말이나, 간담회, 성명서, 더 정밀한 신학적 입장이나 사고에 있는 것이 아니라 개신교를 운용하는 시스템에 있다고 생각된다. 교회의 행정절차나 과정, 재정 운용, 성직자의 사례나 생활 관리나 절차와 같은 전체적인 시스템의 문제라는 것이다.

얼마 전 천주교 서울대교구가 공식적으로 한 해 동안의 재정을 공개함으로 우리 사회에 신선한 충격을 주고 있다.

결코 쉽지 않은 일이다. 오랜 교회역사를 가진 서구에 비하면 그것이 뉴스가 될 것도 없지만 아직까지는 그래도 문자 그대로 '성역'으로 존재하고 있는 우리 사회에서는 뉴스로 대접을 받을 수 있는 모양이다.

천주교의 이번 행보는 더 이상 성역으로 닫혀 있을 수 없는 전체 교계, 종교계도 더욱 투명한 태도와 발상을 발전시켜야 된다는 시민들의 요구들을 의식하지 않을 수 없게 한다.

이러한 압력(?)은 우리사회에 사회문제로 까지 발전하고 있는 학력위조 문제와 맞물려 더 질이 높은 사회내지는 국가 공동체로 심화시키고 싶은 건강한 욕구의 발산으로 해석된다.

이렇게 격이 높아지는 시민들의 의식과 요구를 보면 우리는 자연히 이런 질문과 회의를 경험하게 된다. 이런 투명해지는 요구와 도전에 우리 개신교회는 응답할 준비를 하고 있으며 응답할 준비가 되어 있는가?

최근 이랜드 사태와 아프간에서의 피랍사건으로 집중포화를 맞고 있는 현상을 마주하면서 이런 회의는 더욱 두텁게 짙어진다.

식민지 시절의 민족운동과 사회교육운동 그리고 현대화에서의 긍정과 소망, 경제부흥, 쌍끌이로 예인해 온 민주화의 과정에서 축적되어 온 빛과 소금으로서의 신뢰는 이제 맛을 잃은 그것이 되었고 자유와 기쁨, 복음을 위해 존재한다는 교회는 이제 세상에서 가장 혐오스런 집단으로 내려앉아 버린 지 오래이다.

지금 세상은 교회를 그렇게 생각하고 그렇게 느끼고 있는 것이다. 그런 이해와 정서들이 이번의 이랜드 비정규직 갈등과 아프간 피랍 사태에 걸려 제대로 표현되고 있는 것이다.

문자 그대로 기독교는 '개독교' 요 목사는 '먹사' 라는 것이다.

이런 상황과 정황을 모를리 없는 교회는 몸부림치듯 전문가들을 불러다가 좌담회나 토론회를 하고 기독교 기관지들은 다투어 대안과 개혁에 대한 문장이나 성명서들을 만들어 보지만 대개 원론적인 사고나 관념적인 틀을 벗어나지 못한다.

필자가 보기에 이렇게 교회를 혐오의 이미지에서 신뢰와 존경의 이미지로 변화시킬만한 개혁은 말이나, 간담회, 성명서, 더 정밀한 신학적 입장이나 사고에 있는 것이 아니라 개신교를 운용하는 시스템에 있다고 생각된다. 교회의 행정절차나 과정, 재정 운용, 성직자의 사례나 생활 관리나 절차와 같은 전체적인 시스템의 문제라는 것이다.

신뢰를 만들고 생산해 낼 수 있는 운용 시스템을 건강하게 구축하는 것이 이 문제에 대한 핵심 이다.

무한경쟁의 바다 속에 던져져있는 한국교회의 경우 내부적인 어떤 사안에서이든 규칙이나 룰이 존재하지 않아 원시정글을 방불케 한다.

목사의 사례는 교단별 교회별 천차만별이고 설교비나 집회 강사비 같은 것도 극과 극을 달리한다.

노후나 퇴직금이나 연금 같은 재정운영 원칙에도 신뢰할만한 규칙이 없다보니 그 무 규정의 안개와 같은 정글에서 온갖 불필요한 과잉이나 과열들이 일어나고 촉발된다.

얼마 전 인터넷 매체, (뉴스 엔조이)에 올려 졌던 기사의 내용처럼 영국의 경우는 이런 우리의 좋은 전범이 될 수 있다.

영국 장로교회에서는 총회에 등록된 교역자에게 교회의 대, 소형 자립의 유무에 관계없이 철저하게 표준화된 사례를 지급하고 그 사례는 사모가 미망인이 되어도 연금으로 평생 지급된다.

자녀가 학업을 마치면 그 줄어든 지출을 감안, 사례는 더 줄

어드는 경우처럼 정밀한 체계와 절차를 갖춰 운용되는데 일반적으로 우리나라 돈으로 약 200만원의 금액을 월급으로 지급된다고 한다.

담임목사는 교회의 재정에 대해 전혀 간여할 수 없도록 제도화 되어 있고 교회는 교회 운영비와 고정 지출비를 떼고는 바로 총회로 송금되는데 그 수집과 분배의 절차가 투명하고 깨끗해 누구나가 신뢰를 한다.

사례와 연금, 노후에 대한 절차와 내용이 철저하게 이렇게 표준화되어 있다 보니 굳이 목사들이 대도시나 대형교회에 부임하려는 거품이나 과열이 촉발되지 않는다. 어디서나 목양을 하든 소신껏 목회를 하고 유혹이나 욕망에 흔들릴 필요가 없는 시스템에 얹혀 있으므로 목사들이의 품행과 교양, 권위는 항상 지속적으로 인정받고 존경을 받는다.

다른 교회에서의 설교나 행사참가, 집회인도에 대한 사례들도 마찬가지로 규정이 있고 룰이 있어 그 이상도 그 이하도 기대할 수가 없다. 강사에 대한 최고의 예우는 기립박수 정도이고 꽃다발이 경험할 수 있는 최선의 영광이다.

우리나라 에서도 200만원이면 박봉인데 늘 가난하고 빠듯하다. 하지만 주택이나 연금 등으로 평생을 책임을 져 주고 그 원칙에 는 흔들림이 없으므로 든든하게 운용된다.

과외 수입도 가끔 발생하지만 그것도 장례나 결혼식 주례

등으로 인한 약간의 사례에 불과하다.

그렇다 보니 영국에서 성직은 인기직종이 아니다. 하지만 그럴수록 목사는 깊은 신뢰와 존경을 받아 교회에 대한 전체적인 이미지가 유쾌하게 유지된다.

독일의 경우도 방식은 다르더라도 품위와 권위를 보장할 수 있는 시스템에 의한다는 데에는 변함이 없다. 교역자의 설교비, 이취임의 절차와 과정, 부흥회 사례비등 분명한 원칙과 룰을 벗어나지 않는다. 실질적으로 관행화 되고 전례화 된 사안들 외에도 성문화 되지 않은 좋은 규칙들도 하나의 문화로 정착이 되어 있어서 교회의 이미지가 훼손되는 경우가 없다.

그런 소양들을 누가 말하지 않더라도 기본 소양으로 지키는 문화가 구축되어 있고 정착되어 있으므로 한국교회의 경우처럼 단시간 내에 이미지가 추락하는 일은 결코 발생하지 않는다.

한 개인의 윤리적 의식이나 결단에 의하지 않고도 오랫동안 훈련되고 절제될 수밖에 없는 제도나 환경에 길들여져서라도 자연스럽게 이미지가 운용되고 지켜질 수밖에 없는 것이다.

이러한 내용이 없는 한국교회는 부익부 빈익빈, 재벌급 목사와 70% 이상을 차지하고 있는 것으로 집계되는 미 자립 급의 목사의 격차는 완전히 딴 세상이다.

경영의 성공은 곧 하나님의 성공이며 물량의 크기는 바로 축복의 크기로 인식하고 그것을 과시하고 그렇게 또 과시해야만 통하는 문화가 존재하고 아직까지도 그 문화에 길들여져 있다. 건강한 룰이나 문화자체가 없다보니 그 과정과 승계, 이취임에 온갖 불필요한 잡음들과 욕망들이 걸러지지 않고 표현된다.

무한 경쟁이다 보니 경쟁에서 살아남는 교회는 기름지고 커져 더 큰 조건과 지배력을 확보하고 도태하는 교회는 구멍가게처럼 점점 쪼그라들어 세상 사람들 보기에도 구차해 진다.

이렇게 철저한 시장원리에 의해 교회가 터해 있고 그 패러다임에 지배를 받으므로 이미 성도는 성도가 아니라 고객이며 왕이다.

목사는 자신의 의지와 관계없이 어쩔수 없이 고객의 눈치를 보며 굽신거려야 하고 그들의 비위를 맞추는 서비스맨으로 전락하게 된다. 이 모든 것이 목사 개인의 윤리 의식과 소양, 결단의 문제이기도 하지만 전체적으로는 스스로를 갉아먹는 시스템에 얹혀 있는 구조적인 문제이다.

그리고 이러한 혼란한 그림들이 아직까지 과시하고 지배하는 미숙한 하위문화에 깊이 물들어 있는 한국사회의 그것과 만나 혼재를 이루며 부정적인 이미지를 증폭 시킨다.

무한경쟁의 시장원리로 빠른 시간에 엄청난 숫자로 부흥 했지만 그러나 전체적인 시스템이나 패러다임을 들여다보면 이렇게 장기적으로는 지는 게임을 하고 있는 것이다. 앞에서 남고 뒤에서 이미지와 신뢰를 잃어버리는 근시안의 발상으로 교회를 운용하고 있었던 것이다.

계속 이대로 간다면 교회는 '싸구려'와 '혐오'의 이미지를 극복하기가 점점 힘들어 지는 것은 불을 보듯 뻔하다.

지금의 한국 사회가 요구하고 있듯 이제 부흥이후의 부흥은 숫자가 아니라 질이요 격이다. 이 '질'과 '격'을 변화하는 세속사회보다는 적어도 한 박자 빠르게 교회가 만들어 내고 제시할 줄 알 때 우리 시대 이후의 부흥은 보장될 수가 있는데 아직까지 교회는 이 시대적 과제에 엘리 제사장처럼 굼뜨고 비둔한 모습을 보이는 것은 아닌가 할 때가 많아 우려스럽기도 하다.

개혁은 개혁신학이나 개혁자들의 원리를 또다시 외친다고 이루어지는 것은 아니다.

특히 우리 한국교회의 문제는 교리나 신학에 대한 견해의 오류에 있는 것이나 여러 다난한 사회문화적인 요소들이 엉겨있는 문제이므로 보다 물리적이고 기능적인 접근이 필요하다.

part 8

- 36 · 개인 지능, 조직 지능
- 37 · 자리가 없다
- 38 · 어떻게 적용 할 것인가
- 39 · 보수주의와 권위
- 40 · 일본인들의 시스템적 사고

다이돌핀이
　주는 **지혜**

개인지능
조직지능

신뢰의 기본이 하나의 문화로 정착이 될 때 조직은 고감도의 상호 소통이 가능해 지고 그 소통에서 사람과 상품, 시장을 움직이는 경쟁력이 생산이 되는 것이다.

　　경영학의 일각에서는 개인의 지능보다는 조직의 지능을 더 중요시한다.

　　아무리 IQ가 높은 똑 부러진 수재들을 모아 놓아도 서로 성숙한 마인드로 효율적인 팀 문화를 만들지 못한다면 그 조직은 금방 IQ가 7,80정도의 사고와 전략을 구사하는 둔재집단으로 전락한다.

　　대개 천재나 학습지능이 높은 사람들일 수록 특별의식이나 우월의식이 강한 법인데 그 미숙한 의식들이 순화되지 못해 팀을 금방 미묘한 경쟁의 정글이나 건강하지 못한 성과지상주의로 만들어 버리는 것이다.

　　눈에 보이는 학업의 성취에 길들여진 나머지 어떤 사안에서든 문제를 단선적인 조각으로 분해해 이해하고 강렬하고 눈에 보이는 성과에 천착하기도 한다. 그러다 보면 문제를 복합적인 인과관계로 파악하기 보다는 단기적인 표층만을 주목하는 문화를 만들고 그런 발상으로 조직이나 행정을 행사하면 관련 인재들을 목표를 향해 극한의 벼랑 끝으로 내몰기도 해 전체적으로는 장기적인 경쟁력을 훼손시킨다.

이미 1990년대 초 MIT공대의 피터 셍게 교수는 이러한 이해를 바탕으로 조직지능을 강조해 경영학계에 돌풍을 일으킨 바 있다.

흔히 우리는 한국 사람들은 머리가 좋은데 뭉치면 모래알이라는 말을 하고 반대로 일본사람들은 개인은 시원찮은데 모이면 무서울 정도로 강해진다라는 말들을 하는데 이런 말도 셍게교수의 경영이론으로 이해해 보면 흥미롭다.

곧 한국 사람은 개인 지능이나 역량은 뛰어난데 조직지능이 형편없다라는 말이 되고 일본사람은 개인의 역량은 별로인데 조직지능이 뛰어나다는 말이 된다. 그러면 어느 민족이 더 경쟁력이 높은 민족일까? 답은 간단하다. 현실적으로는 일본사람들이 훨씬 경쟁력이 높은 것이다.

예를 들어보자.

현재 세계에서 가장 뛰어난 성과를 내는 기업으로는 일본의 도요타 자동차를 친다. 그 도요타 자동차의 조직지능은 어느 정도

일까? 유명한 그 회사의 노조의 경우는 그들의 조직지능이 얼마나 가공할만한 수준인지를 잘 웅변해 준다.

해마다 노동자의 급료나 성과금을 결정하는 시즌이 돌아오면 '춘투'에 관례적으로 돌입하는 우리나라의 경우와는 판이하게 다르게 그들은 무분규로 정착이 되어 있다. 오히려 대개의 경우 회사가 제시하는 임금인상이 과하다며 노조가 반려하는 진풍경이 펼쳐지는 실정이다.

노조의 판단은 분명하다. 일본의 기업을 대표하는 도요타의 임금이 높아지면 다른 기업에 영향을 주어 전체적으로는 일본 상품의 원가가 높아져 그만큼 경쟁력에 문제가 발생된다. 도요타 직원들만 유익하고 일본의 전체 기업에 불리한 임금을 그래서 받을 수는 없다는 것이 그들의 판단이다.

그러면 도요타의 노조는 애국심에 똘똘뭉친 가미가제들인가? 그런 것은 아니다. 그들의 관심도 오직 현실적인 이익에서 물러나 본 적이 없다.

그렇게 성숙한 태도로 양보를 하면 회사측으로부터 더 큰 신뢰와 지지, 애정을 얻을 수 있고 그 신뢰는 곧바로 다른 방식의 경제적 보상으로 돌아온다.

그리고 사회로부터도 마찬가지로 깊은 지지를 얻고 일본의 전체경제를 건강하게 해 도요타의 브랜드는 더욱 견고하게 보장을 받게 된다.

장기적으로 보면 그렇게 노조원 자신들에게 되돌아오는 유무형의 거대 자산은 돈으로 환산할 수가 없이 큰 것이다. 바로 그것을 노조는 알고 있는 것이다.

이와같이 단기적인 자극적 성과가 아니라 어떤 사안이든 서로의 깊은 인과관계를 따져 그 생산적인 통합관계를 이해하고 통합해 내는 지능이 바로 조직지능이다.

수많은 기업들이 도요타의 생산 시스템을 배우고 그 라인을 벤치마킹해 가지만 도요타의 성과를 내지 못하는 것은 바로 이 가공할만한 도요타의 조직지능의 비밀을 해독하지 못하기 때문인 것으로 전문가들은 진단한다.

셍게교수의 조직지능 이론으로 한다면 그러면 조직에서 가장 중요해 지는 것은 서로 협력하고 통합할 줄 아는 신뢰이다. 상생하여 회사도 성장하고 조직도 성장하고 개인도 성장하는 조직의 시스템에 자원과 휘발유로 작용하는 것은 상호간의 신뢰인 것이다.

신뢰의 기본이 하나의 문화로 정착이 될 때 조직은 고감도의 상호 소통이 가능해 지고 그 소통에서 사람과 상품, 시장을 움직이는 경쟁력이 생산이 되는 것이다.

결국 이것도 인간이고 사람의 문제가 아닌가? 신뢰 한다는 것은 대단히 중요하다.

그러나 인간을 신뢰 한다는 것은 영원 할 수가 없다.

여호와께 피함이 사람을 신뢰함 보다 낫도다(시18:8-9)

라는 말씀대로 과연 믿음의 사람들이 하나님을 얼마나 신뢰하고 있는 것일까?

요즘 사주팔자나 관상을 보러 다니는 사람이 점점 늘어나고 있다고 한다. 일간지나 인터넷에서 미신 광고물이 홍수같이 범람하고 있다. 특히 점쟁이를 찾는 자중에 젊은이들의 수가 늘어가고 있는 현실은 젊은이들이 꿈을 상실해가고 있음을 단적으로 보여주고 있다. 더욱 슬픈 현실은 천주교인이나 기독교인들 중에서도 상당수가 점쟁이를 찾아간다는 사실이다.

많은 기독교인들이 하늘나라에 소망을 두기보다는 이 땅에 더욱 집착 할뿐만 아니라 잘못된 신앙관을 소유하고 있음을 단적으로 보여주는 실례이다.

믿음의 선조들이 타파했던 미신으로 오늘날의 기독교인들이 다시 돌아가고 있는 것은 기독교의 현주소를 대변해주고 있다.

그렇다면 방법이 없다는 것이냐? 그것은 아니다.

믿음은 바라는 것들의 실상이요 보지 못하는 것들의 증거니 (히11:1)

라는 말씀대로 믿음의 사람은 하나님나라 라는 실상을 붙잡기 위해 나그네 길을 가고 있다.

그런데 많은 성도들은 예수를 구주로 고백하고 함께 나그네 길을 가면서도 실상을 붙잡는 것보다 현실에 미혹된다.

이스라엘 백성들이 실상을 붙잡은 것처럼 확실하게 믿지 못하였기에 광야 생활을 불평하며 하나님께 원망했던 것처럼 현실에 미혹된 성도들도 나그네 인생가운데서 만나는 어려움에 대해 불평하며 하나님을 원망한다.

그러나 하나님 나라를 손에 이미 잡고 있는 것처럼 확실하게 믿고 나그네 길을 가는 성도는 항상 즐거움과 감사로 가득한 삶을 살아간다.

우리는 지금 하나님의 약속을 이미 받은 것처럼 굳게 믿고 신앙생활을 하고 있는가? 그렇지 않으면 나그네 삶을 거부하고 세상의 것을 잡고자 달려가고 있는가? 반문해봐야 할 것이다.

사도바울은 푯대를 향하여 그리스도 예수 안에서 하나님이 위에서 부르신 상을 위하여 쫓아갔습니다(빌3:14)

아브라함은 갈 바를 알지 못했지만 하나님의 명령을 따라 본토, 친척, 아버지의 집을 떠나 나그네의 삶을 택했다. 그는 삶 가운데서 하나님의 약속을 믿었기에 끝까지 하나님께 순종했다. 우리의 눈은 항상 하늘에 고정되어 있어야 한다.

만일 우리의 눈이 세상을 바라보면 실패자의 삶을 살게 된다.

베드로가 주님을 바라보고 바다에 뛰어내려 그 위로 걸어가다 출렁이는 파도를 보고 두려워했듯이 주님만을 바라볼 때 믿음의 길에서 요동치 않을 것이다.

필자는 이런 셍게 교수의 제5경영 이론을 보며 많은 생각을 해 보게 된다.

오늘 우리 한국교회의 조직지능은 얼마나 될까? 단기적인 성과만을 위해 극한으로 치닫는 선교와 전도, 행사와 이벤트들, 교계의 뿌리 깊은 관행들을 보면 마음이 무거워 지기도 한다. 수주 전 마침내 현대자동차가 10년 만에 무분규로 임금인상을 타결했다는 소식이다.

우리 기독교도 아니 한 사람의 목회자인 나부터 좀 더 영리하고 명철해야 하겠다

자리가 없다
- 슬라보예 지젝, 〈죽은 신을 위하여〉를 읽고

인간의 인문학적 자기대면으로서의 주체가 아니라 성령의 능력
안에서는 이미 거기에 있고 예정 안에 있던 하나님의 형상으로
서의 자기 확신 바로 그 자리가 주체이다.

●
●
●

　　　　현대철학에 정신분석을 통합하는 최근의 활성화된 철학에
서도 인간의 '주체'는 중요한 비중을 차지한다.
　　　　데카르트의 고기토적 자기반성으로서의 이성적 주체는 중
세 봉건시대의 폐쇄적이고 맹목적인 '신앙'의 히브리스 못지않게
그 폭력적인 요소가 이미 만천하에 공개된 만큼

　　　　이를테면 이성의 힘을 극한까지 밀고나가 과학이외의 것을 미
개하게 보는 계몽적 태도나 그에 터하여 자연까지도 과학의 힘으로
분해하고 파괴하고자 했던 산업문명의 부작용등---

　　　　그 한계에 대해서 충분한 공감이 발전되었고 그 심화된 인

식의 결과로 다양한 해법들이 이론화되고 체계화 된 것은 이미 오래전의 일이다.

　신의 억압에 대한 역광으로 주밀하고 엄밀한 대체로서의 주체를 들고 나왔지만 그 역광의 인간 중심주의 또한 신의 억압을 능가하는 광폭한 전쟁과 문명의 그늘을 생산하는 의식체계로 기능되고 말았다는 자괴감과 혼란에 직면하고는 현대철학이 또 다른 반성을 화산처럼 밀어올린 것이다.

　2차대전이후의 철학은 이 혼란에 대한 치열한 해법과 사유, 패러다임을 찾기 위한 필사적인 노력들의 집산물과 다름이 아니다. 그리고 기존의 전통적인 철학체계로는 이러한 문제의식에 대한 답을 생산해 내기가 어렵다고 인식한 현대 철학자들이 후설의 현상학을 응용하고 언어학 기호학, 심지어 동양철학의 사유를 원용하기도 하고 쟈끄 라깡이나 슬라보예 지젝의 경우처럼 프로이드를 다시 살려내 보다 통합적인 사유를 꾀하기도 한다.

　흑백의 색깔이 오색찬란한 무지개와 스펙트럼처럼 다변화된 후기 자본주의의 디지털 문명을 그들은 그렇게 심화시킨 사유와 이론으로 보다 기능적으로 해석하고 변별해 내어 외연에 짓눌리거나 파괴되지 않는 살아있는 인간의 주체를 묻고자 하는 것이다.

　이런 최근의 동향의 최선두에 서있는 철학자는 단연 우리나라에서도 급격하게 독자를 늘리고 있는 슬로베니아 출신의 슬라보예 지젝이다. (그의 책들은 드물게도 거의 대부분 이미 번역되

어 있을 정도로 철학계의 스타이다)

　　동유럽의 괴물로 불리우는 그는 신약성경의 사도 바울과 마르크스, 특히 레닌. 그리고 프로이드를 정통적으로 계승하는 프랑스의 정신분석학자 쟈끄 라깡의 이론을 융합시켜 독특한 유물론적 사유로 현대 디지털 사회를 비평하고 그리고 또 특히 기독교를 변호하거나 혹은 부정하고 비틀기를 좋아하는데 최근 번역 출간된 〈죽은 신을 위하여〉도 그런 류의 저술이다.

　　특히 영화비평과 같은 대중적인 감각과 욕구를 건드려 주며 현란한 재기와 위트, 전복과 비틀기로 독자들을 매료시키고 있는데 교회 안팎의 청년이나 젊은 세대들에게 미치는 영향이 벌써 만만치가 않다.

　　어쨌든 인문학계에 좀 생경한 돌풍을 일으키고 있는 지젝의 가장 중요한 관심중의 하나도 바로 이 인간의 주체성이다.

　　이미 여러 저술들에서 반복적으로 규명하는 그의 주체의 출발명제는 상당히 역설적이다. "곧 인간의 주체는 없다!" 인간의 자리는 없고 오직 인간의 허상과 상상, 욕망의 대용물들만 사물을 이루고 있는데 이런 비실재의 정글에서 진정한 주체의 자리를 얻고자 한다면 먼저 주체가 존재한다고 하는 전통철학이나 기독교의 신앙적 좌표자체를 폐기해야만 한다고 주장한다.

　　이렇게 목소리를 높이고 있는 그의 논리와 사유는 현대인들에게는 매우 큰 설득력을 경험하게 한다.

그는 단순히 기독교를 폐기해야 한다고 믿는 무신론자가 아니라 스스로가 말하고 있듯 누구 못지않게 기독교의 가치와 존재를 귀중히 여기는 철학자여서 더 파괴력을 지닌다.

그의 주체부정의 논리도 매우 역설적인 함의로, 주체가 존재하지 않는다는 으스스한 실재계의 현실을 유물론적으로 승인할 때 비로소 진정한 자기 대면이 가능하고 그 자기대면에서 주체를 주체적으로 경험해 내는 자기의식과 용기가 가능해 진다는 것이다.

언뜻 쉽게 이해할 수 없는 새로운 논리와 사유로 기독교 이후의 기독교를 말하고자 하는 의도도 있는 듯 한데 어쨌든 그가 말하는 하나님과 신앙, 그리고 기독교는 매우 인문학적이다.

유신론적 자기 확신과 기독교적인 의식이야말로 오늘날 혼재된 디지털 사회와 문명에 가장 필요한 치료제요 기능적인 재산으로 읽고 그 파토스를 보다 엄밀하게 확보하고자 하지만 치명적으로 하나님이 살아 역사하시는 신적 타율은 부정한다.

결국 지젝이 노리는 것은 기독교 고유의 혁명적 믿음사유, 그리고 실재계를 이기고 극복하게 하는 유신론적 등거리 의식의 기능성이다.

그 신앙 내면의 기능성만 더욱 엄밀하게(유물론으로 까지) 확보하고 엄밀한 현실의 자기대면을 방해하는(?) 그 외적인 형식이나 영적인 내용이나 능력의 차원은 껍데기로 보고 버리자는 것이다.

그렇게 유물론적으로 들어가면 그 기능성에서 기독교로 인한 인간이나 기독교 자체의 파괴력은 디지털 문명의 무신론적 탈해체적 사회를 뒤엎을 만한 실로 가공할 범주를 내장할 수 있다는 것이다. 한 마디로 막강 슈퍼 파워 기독교가 된다는 것이다.

많은 것을 말하고 있는 그의 철학에서 방금 언급한 기독교에 관한 부분도 큰 비중을 차지하고 있기에 주체에 관련하여 이렇게 되짚어 보는 것은 의미가 있다고 본다.

그러면 지젝이 말하는 것처럼 그렇게 유물론적으로 인간과 실재를 파악하고 기독교로 들어간다면 그 기독교는 과연 작동이 가능할까? 분명 그가 말하는 현대철학과 정신분석, 인문학을 종횡무진 파헤치고 누비며 역설하는 '주체'는 큰 설득력과 인문학적 공명을 일으킨다.

그런 공명과 교양적 울림에 길들여진 현대의 젊은이들에게 교회는 어떻게 어떤 방식으로 복음을 말해야 하나?

지젝이 말하는 대로 그렇게 파악하면 주체는 더욱 강력한 내면과 의식을 동반할 수 있게 되고 그 강렬한 자기대면의 자리는 기존의 기독교가 일면 상실하고 있는 신앙인의 삶의 차원을 힘있게 생산해 낼 수 있는 장점이 확실히 보장되는 것으로 보인다.

그런 면에서 지젝의 목소리는 들릴만도 하고 기존 기독교의 약점을 제대로 이해하고 있어 그만큼 교회 안팎에 어필되고 크게 들릴 수 있다.

하지만 성경적 신앙의 필터로 볼 때 지젝의 기독교는 가장 중요한 기독교 신앙의 동인을 결정적으로 놓치고 있는 것으로 보인다. 그 모든 내적 구조와 의식의 시스템을 가볍고 유쾌하게 가능하게 하는 것은 위로부터 내려오는 하나님의 능력, 즉 성령이다.

인간의 인문학적 자기대면으로서의 주체가 아니라 성령의 능력 안에서는 이미 거기에 있고 예정 안에 있던 하나님의 형상으로서의 자기 확신 바로 그 자리가 주체이다.

그 주체는 하나님의 능력과 그 질서아래 타율적으로 기능되는 주체로 '되어지는' 주체이다.

그렇기 때문에 그 주체는 수고하고 무거운 짐을 지지 않는 주체이다. 그러면서도 그 타율의 질서 안에 고유의 개체적 책임과 자율을 건강하게 누릴 수 있는 주체로 경험되는 주체이다.

이런 성경적 주체에 비하면 지젝의 주체는 성경적인 것 같으면서도 결국은 그 모든 의식과 결단을 오직 홀로 대면하고 떠안게 되는 인간중심의 주체가 되는 치명적인 약점을 지닌다.

보다 가능한 주체를 향하여 기독교의 초월적인 부분을 부정, 더욱 가공할만한 주체를 규명하고자 하지만 결국은 인문학적 자율적 주체의 범주 안에 갇히고 만다.

지젝이 말하는 주체를 발생시키고 운용할만큼 인간이 과연 몇이나 되겠는가? 그 주체의 자유를 떠안을 만큼 인간은 성장해 있는가? 하는 딜레마는 여전히 그에게는 해소되지 않고 남는다.

그러므로 어디서 떨어진 것을 생각하고 회개하여 처음 행위를 가지라 만일 그리하지 아니하고 회개치 아니하면 내가 네게 임하여 네 촛대를 그 자리에서 옮기리라(계2:5)

는 말씀대로 교회의 자리도 없다고 말씀하고 있다.

청함을 받았을 때에 차라리 가서 말석에 앉으라 그러면 너를 청한 자가 와서 너더러 벗이여 올라 앉으라 하리니 그때에야 함께 앉은 모든 사람 앞에 영광이 있으리라(눅14:10)
종이 가로되 주인이여 명하신대로 하였으되 오히려 자리가 있나이다(눅14:22)

는 말씀대로 잔치의 자리도 나 라는 존재는 없고 말씀대로 주님 말씀에 순종할 때 자리가 있다고 성경은 말씀하고 있다는 것을 절대로 잊어서는 안된다는 것이다.

어떻게 적용 할 것인가?
- 맥스 루케이도의 〈일상의 치유〉를 읽고

'나' 와는 거리가 멀고 좀 특수한 영역에 있는 거리감 있는 세계가 아니라 내가 나의 자리에서 편하고 부드럽게 그리고 하나님을 깊이 신뢰하고 그 하나님께 헌신할 수 있는 감동과 친밀, 그 자체이다.

　　머리만 볼록하고 몸이 없는 올챙이처럼 오늘날 일부 신앙인의 내면이 미숙한 기형의 형태를 띠고 있다고 지적한 사람은 복음주의의 교황으로 불리웠던 존 스토트였다.

　　건전한 신학, 확고한 정통과 그 교리, 신앙교육의 틀, 그 자존감과 자기 정체성은 철벽처럼 단단한데 그 속에 그 신앙이 어떻게 삶의 원칙과 해석으로 내려오는지, 그 견고한 정통이 그리스도인이 누리는 문화적 삶속에서 어떤 의식과 질서로 통합이 되는지에 대해서는 관심이 없고 생각이 없다.

　　그런 함몰에서 그리스도인이 교회를 넘어 세상에 까지 통할 수 있는 생각과 삶, 경쟁력 있는 영향력이 생산되기를 기대하기는 힘들지 않을까?

세상이나 세상의 영역과 문화에 대해 대비적으로 선을 가르고 그 공허하고 메마른 세속성을 이길 수 있는 이분법적 믿음은 그 역동성이 살아 있고 보장이 폭이 클수록 좋다.

우리가 믿음에서 그러한 확고한 정통적인 믿음의 방식이 아니면 어디서 어디로부터 탈 해체를 추구하고 그 꿈을 극한까지 밀고 가는 오늘날 디지털 문명의 바다를 통합하고 의미로 해석해 낼 전망과 힘을 경험해 낼 수 있을까?

정통은 역시 정통인 것이다! 이런 면에서도 정통이야말로 가장 아름다울 수 있는 혁명이요 진정한 의미의 진보일 수 있다라고 갈파한 G.체스터턴의 말은 황금처럼 무게가 살아있는 진실이 아닐 수 없다. 하지만 그것이 전부일까? 이렇게 정통을 정통이라는 명분과 주어진 권위라고 하는 안전판 안에서 안주, 그렇게 믿고 반복하면 그 정통이 정통이 될 수 있을까?

정통이라는 범위설정과 그 체계적 믿음에 대한 확신과 이해, 전통에 대한 공감과 주장만 확보하면 그리스도인의 외면에 붙어있는 삶의 차원도 자동적으로 성숙하게 되거나 시장에서도 통할 수 있는 경쟁력이 저절로 생산될 수 있을까?

이에 대한 대답은 양가적일 수 있다. 왜냐하면 믿음이라고 하는 그 절대의식은 부정에 대한 절대부정을 통한 절대 긍정, 그 역동적인 의식만으로도 그 믿음을 경험하는 사람에게는 죽음을 이기는 절대생명이 될 수 있고 음부의 권세를 뒤집는 궁극적인 좌표로 경험될 수 있지만 그렇다고 하더라도 그 믿음의 절대성은 궁극적인 의미에서의 영적인 변환이자 근원적인 변환으로 그 권능이 절대적이지만 물리적인 표층에 까지 다 미세하게 영향을 미치는 해석의 영역까지 일직선까지 다 포함되는 것은 아니기 때문이다.

변환된 그 영적 권능이 그 권능의 질서아래에서 그 권능의 외면에 붙은 부정성의 현실까지 전인적으로 변개시키는 데에는 그만큼 시간이 걸릴 수도 있고 또 그 변환의 폭과 크기와 전인성이 신앙인 개인의 세계관 가치관 내면에 대한 깊이와 내용에 따라 제한되고 그 차원이 달라질 수도 있기 때문이다.

신앙은 신앙인의 내용과 행동을 변화시키지만 그 과정은 기계적으로 이루어지는 조악한 과정이 아닌 만큼 그 변환의 과정에는 믿음의식의 타율적 질서 안에서도 인간이 소화하고 책임질 부분도 존재할 수 있다는 것은 당연한 믿음이다.

이를테면 같은 믿음이라도 다른 제자들과는 상대적으로 준비된 사도 바울의 경우처럼 관심을 확대하고 의식이 훈련되고 증가된 만큼 그 마음의 영역의 크기대로 쓰임 받고 변화되는 그런 차원의 인간의 자리가 있는 것이다.

이런 절대와 현실의 포괄적인 균형에 대한 긴장과 이해가 없이 믿음만을 강조한 나머지 이성을 극복하고 경계하다 못해 이성을 부정하는 극단에 까지 이르면 얼마든지 신앙도 그 절대적인 권위의 이름과는 달리 병들 수가 있고 파괴적인 에너지로 발전하게 될 수도 있는 것이다.

이것은 결국 신앙을 해석하고 소화하는 인간의 책임이다.

이런 의미의 이해에서도 현대기독교는 특히 신앙을 어떤 면에서는 과거의 정통적 이해와 함께 또 다른 차원으로 그 근본성에 대한 믿음을 더 깊은 이해와 공감으로 추구하면서 동시에 그 신앙을 삶과 내면으로 통합시키는 적용의 지점을 예민하게 주시하려는 경향으로 심화되고 있다.

영성에 대한 관심이 그렇고 보다 전인성을 추구하고자 하는 건강성에의 의지와 노력들이 그 단적인 예들이다. 이런 의미에서도 오늘의 교회의 최대의 화두는 단연 '적용'이라고 할 수 있다.

오늘 소개하고자 하는 맥스 루케이도의 책 〈일상의 치유〉도 그런 이해의 흐름에서 의미가 적지가 않은 글들로 보여 진다. 이렇게 중요해진 '적용'에 관해 루케이도는 이 책에서 적어도 좋은 사례 내지는 하나의 모델을 제시해 주고 있기 때문이다.

흔히 우리가 신앙의 적용을 생각하면 찰스 M.쉘돈의 베스트 셀러 〈예수라면 어떻게 할 것인가?〉하는 류의 손쉬운(?)질문법을 떠올리기 쉽지만 그리스도인의 삶이 그렇게 간단하지가 않다는 데에 보다 기능성 있는 발상과 접근이 요구된다.

이미 100년 전에 출판된 이후로 3천 만부 이상 팔린 대단한 책 중의 하나인〈예수라면 어떻게 할 것인가?〉라는 책은 모든 사안과 방식에 내가 만약 예수라면 이 상황에서 어떻게 처리하고 어떻게 처신할 것인가? 라는 대담한 도전과 질문을 촉구하여 교회와 그리스도인들에게 엄청난 반향을 일으켰는데 신앙의 적용 면에서는 그 포괄적인 공감은 좀 멀어 보여 한계를 보여 왔다.

'내가 예수라면?' 이라고 하는 직접적인 질문은 교회 밖으로의 삶으로 까지 그리스도인의 행동과 생각, 양심에 대하여 일깨우고 깊은 문제의식을 던져 주는 데에는 훌륭할 수 있지만 인간과 예수님의 마음을 바로 직접적으로 대입하는 발상에만 치중한 나머지, 말씀과 현실 그 중간지대에 존재할 수 있는 그리스도인의 다변한 삶에 대한 응용과 창조성에 대한 사고와 자극을 주는 기능점을 만족시켜 줄 수 없기 때문이다.

그리스도인의 삶의 영역을 예수님의 윤리적 언행에 직접 대입해 버리면 그리스도인의 삶 자체를 초기 1세기 사회상에 적용된 윤리에만 국한될 수 있고 또 예수님의 행동에 대한 그러한 직접적인 대입은 고도의 훈련된 고차원의 수도자나 실천 가능한 특별한 내면과 의식을 투사해야 하는 부담(?)과 거리를 줄 수 있어 일반적인 그리스도인들로 하여금 결국 그 '예수의 삶'을 포기하게 될 가능성을 넓혀 놓을 수도 있다.

결국 신앙인의 삶이라는 것이 '나' 와 '예수님' 이라는 차이와 거리만큼 멀게 만 느껴지게 하고 적용의 내용을 그렇게 부담을 줄 수밖에 없는 윤리와 결단을 주로 해 버리면 또 그 방식은 적용의 중요성을 일깨우고도 그만큼 적용의 시도나 발상 자체를 부정적으로 생각하게 하는 부작용을 한편으로 생산해 낼 수 있는 것이다.

　그런 면에서도 극복과 대안, 루케이도의 방식은 그리스도인들의 기능적 삶을 자극하고 탐구하여 한결 더 생산적으로 나간 것으로 보인다.

　신앙이 뚜렷하고 남다른 윤리적 각성과 그 일차적 실천으로 끝나는 것이 아니라 그 각성과 더불어 신앙의 감격과 확신이 믿음의 질서 속에서 그 믿음에 붙은 외면과 전인적으로 통합, 흔들릴 수 없는 자기 확신과 기능성, 자기 정체성에 대한 보다 건강한 믿음으로 경험되고 그 경험들이 삶의 목적과 가치관. 방향성으로 내면화되고 체현되는 형태와 그것이 구체적인 삶의 스킬로 나아가게 한다면 신앙은 바로 삶, 그 자체가 된다.

　루케이도가 이 책에서 삶을 강조하는 그만큼 신앙의 '적용'은 생산적인 범주로 포괄성을 확보하게 되는 것이다.

　이렇게 되면 기독교 윤리도 어떤 형태의 억압과 의무로서가 아니라 자발적인 참여와 자기 창조의 동기로 경험이 되는 자기치유의 누림으로 변환이 되는 것이 아닌가?

　루케이도는 이 책에서 신앙인의 자기확신적 삶을 둥근 공을 가장 멀리 효율적으로 날릴 수 있는 적타점을 일컫는 '스윗스팟'(Sweet spot)에 비유하며 바로 신앙인의 삶의 기능적이고 기술적인 측면을 강조한다.

　신앙언어로의 단순한 치환과 대입의 삶을 넘어 자본주의의 시장원리가 지배하는 오늘날의 삶의 정글에서 가장 아름다운 열매를 맺고 그 전인적 생산성을 보장할 수 있는 경쟁력으로서의 신앙인을 구체화시키며 적용을 촉구하고자 하는 것이다.

　곧 그에게 신앙인은 전인적으로 가장 유능한 사람과 다름이 아니다.

　스윗스팟을 경험하는 신앙의 삶은 성장을 꾀하는 사람이나 개인과 경영의 원리, 어떤 영역이든 통할 수 있는 삶의 건강한 원리가 될 수 있다. 곧 그에게서의 신앙의 내용은 '나'와는 거리가 멀고 좀 특수한 영역에 있는 거리감 있는 세계가 아니라 내가 나의 자리에서 편하고 부드럽게 그리고 하나님을 깊이 신뢰하고 그 하나님께 헌신할 수 있는 감동과 친밀, 그 자체이다.

　루케이도의 구체적이고 현실적인 적용들을 따라가다 보면 이 책이 일면 영원의 관점에서 오늘날 한시적일 수 있는 자본주의의 패러다임에 지나치게 투사되고 함몰된 것이 아닌가 하는 느낌도 받을 수 있겠지만 어쨌든 삶을 말하는 그의 발상과 생각의 건강성만큼은 높은 점수를 줄만하다.

　단조로울 수 있는 기계적 일상이 루케이도의 믿음처럼 이렇게 감동과 치유로 경험될 수 있다면 이미 그리스도인은 그 나라, 그 의와 화해하는 것이 아닐까?

보수주의와 권위

기독교의 진리가 다른 종교와 다르며 비교 할 수 없이 탁월한 것은 내적 깨달음과 통찰에서 그치는 관념적인 것이 아니라 그리스도의 부활과 그 능력으로 인해 하나님의 사랑을 덧입고 이 땅에 하나님의 나라를 이룩하는 변혁의 힘이 있다는 것 때문이다. 성도는 성령의 도우심으로 끊임없이 하나님에 대한 앎을 추구해야 하며 생활 속에서 적용해야 할 것이다.

•
•
•

  일찍이 위대한 근본주의자 그래셤 메이첸은 "오늘날 교회가 망하는 것은 생각의 과도함(자유주의) 때문이 아니라 생각의 부족함 때문이다"라고 말한 적이 있다.
  믿음은 물렁하고 생각만 하는 신앙은 생래적으로 타협의 열매는 영글게 할 수는 있으나 세상을 이기는 권능을 경험하지 못하는 반면 생각이 없이 믿음만 있는 신앙은 그 신앙이 반대로 쉽게 신앙의 내용의 가장 중요한 비중을 담고 있는 삶의 국면을 왜곡하고 좁혀 놓는 의식기제로 작동되기도 한다.
  신앙 안에서도 교회에 해가 될 수가 있는 이런 부정성을 메이첸이 경고한 것이리라.
  흔히 생각이 없이 신앙만 있을 수 있는 편향된 보수는 유진

A. 니다의 지적처럼 신앙의 관심에 대한 총체적인 범위를 이해함에 실패하는 우를 자주 반복할 수 있다.

전체의 입체적인 삶의 국면에 대하여 신앙도 그 전체의 범주에 있어서 어떤 역학관계의 중심 좌표로 설정되고 기능될 수 있는지 생각도 해 보지 않은 채 오직 믿음! 오직 말씀! 만을 부르짖고 주장하기만하면 모든 것은 저절로 하나님의 기뻐하심이 되고 궁극적 해결점이자 종결점이 된다고 믿는데 조금도 의심이 없다.

이런 근본적 믿음에는 인간의 의식과 내면을 변개시킬 수 있는 적점에 '권위'가 절대적으로 필요하다는 믿음과 인식이 깊게 깔려 있는 것은 쉽게 헤아려 볼 수 있다.

절대절망의 늪과 그 범주에 놓여 있는 인간의 내면을 절대희망으로 변개시키려면 그 변개의 역학적 힘을 걸만한 축이 필연적이고 그 축에 걸려 모든 내 외면을 사로잡아 통합하고 뒤집는 데에는 그만큼 궁극적 파토스가 요구된다.

신앙의 변화가 문화적 감화나 반응으로서의 변화가 아니라 진정한 감동과 감격적 힘으로서의 변화로 경험되려면 이렇게 절대의 힘이 아니면 안 되는 것이다.

이런 인간 내면의 의식 역학의 적점들을 헤아려 보아도 정통신앙의 권위는 세상에서 둘도 없는 귀중한 자산이요 보물이 아닐 수 없으며 그 정통의 권위의 적실성이 바로 여기의 역학점에 물려 존재한다고 하는 것은 우리가 다 아는 사실이다.

희미하고 물렁한 문화적 센스의 신앙으로는 우리 인간의 부패와 피폐를 근본적으로 치유시킬 수는 없다는 상식적인 이해만으로도 신앙에서 절대의 '권위'가 강조되는 것은 이 세상에서 가장 진실하고 아름다운 지혜! 그 자체가 아닌가?

하지만 여기에서 끝나는 것이 아니다.

절대적인 '권위'에 미치지 못하는, 신앙이 아닌 문화적 신앙(자유주의)의 부작용에 대하여 반사적으로 부정하고 말씀의 권위를 향해 그 믿음의 절대성을 지나치게 강조하다 보면 그 역시 심각한 부작용이 배태되곤 하는데 그것은 바로 신앙과 권위의 본말이 뒤바뀐 경우의 믿음이다.

그렇게 인간을 살려내는 귀중한 권위도 적실점의 균형을 넘어 너무 지나치게 나가 버리면 그 권위가 신앙을 위한 권위가 아니라 권위를 위한 권위가 되어 버리는, 즉 권위주의가 되어 버리는 오류도 발생한다는 것에 우리는 주의를 기울여야만 한다.

말씀을 위한 권위가 아니라 권위를 위한 말씀이 되어 버리고 권위를 위한 하나님, 권위를 위한 신학과 신앙이 되어 버리는 거꾸로 뒤집힌 경우가 그런 경우인 것이다.

생명을 위한 권위가 아니라 권위를 위한 신앙, 권위를 위한 말씀이 되어 버리면 그 과도한 과잉 안에서는 이성에 대한 부정도 믿음을 강조하기 위한 이성에의 부정을 넘어 쉽사리 몰 이성으로 발전하고 마는 부작용이 함께 따라 온다. 곧 편향된 근본주의적 신앙은 언제든지 객관적으로 보면 몰이성적 믿음과 동의어가 될 수도 있는 것이다.

그 과도한 내면 속에서 문법화 되고 도식화된 강렬한 이분법의 대칭 항 아래 그 절대언어의 권위의 질서 안에 세상의 모든 국면을, 편향된 근본주의는 다 포월하는 것처럼 오인하지만 사실 그 믿음은 아는 것이 아무것도 없는 것임은 잘 헤아리지 못한다.

그렇게 신앙의 권위만을 강조하는 데 몰두하다 보면 그 신앙을 사회문화적으로 검증하고 반성해 볼 수 있는 발상 자체를 신앙의 이름으로 부정하고 사고력의 전제 자체를 부정하기에도 이르게 되는 것이다.

신앙과 믿음의 외면에 붙어있는 절반의 사회문화적 사실과 진실에 대해 이렇게 폐쇄적이 되어 버리면 더 이상 다변화된 세계와 삶을 해석해 내는, 신앙내면의 질서 속에서도 풍성하게 가능한 생각의 건강한 힘을 발전시키지 못한 채 그 대립적 이분법의 대칭 속에 시각과 세계관이 고착되어 버릴 수가 있다.

그렇게 고착된 신앙 속에서 자신의 세계관이나 고정관념 이외에 아는 것, 세상을 이기는, 세상을 해석하는 힘을 전혀 발전시키지 못했지만 신앙언어의 절대성의 포월이 주는 신성한 만족감 속에서 자신이 모든 것을 다 알고 정리하고 있다는 믿음을 경험하게 된다.

사실은 아는 것이 아무것도 없는데 모든 것을 알고 포괄하고 있다고 믿는 이 오인 속에서 신앙인은 때로 세상과 세계를 쉽게 장담하고 때로는 말씀의 강단에서 사회문화적으로 치기어린 발언들도 쏟아지는 것을 보게 된다.

일각의 편향된 근본주의가 잘 보여 주는 것처럼 신앙의 파토스나 내용을 너무나 쉽게 자국의 국가이데올로기로 연결시키고 기존의 특정정치질서를 합리화하고 신학화 하는 고착된 보수주의의 태도들도 이런 부작용의 일환들이 아닌가?

권위란? 주님을 말씀 하는 것이라고 단적으로 알 수 있다.

그리스도는 만유의 권세, 즉 하늘과 땅에 있는 모든 권세의 주가 되신다.

너희도 그 안에서 충만하여 졌으니 그는 모든 정사와 권세의 머리시라(골2:10)

정사와 권세를 벗어버려 밝히 드러내시고 십자가로 승리 하셨느니라(골2:15)

비록 지상에 계실 때 에는 아무런 권세도 가진 것 같지 않았지만 예수님은 하늘의 권세로서 땅의 세력을 압도 하셨다.

주님은 단순히 영적 세계의 주가 되실 뿐만 아니라 현실세계의 모든 권세의 주도되신다.

예수 그리스도의 속죄하심으로 말미암아 하나님의 은혜로 의롭다 하심을 얻고 영생을 얻게 되었습니다(롬6:23) 주님께서는 십자가에 죽으심으로 세상권세에 패한 것처럼 보였지만 3일 만에 다시 살아나심으로 세상의 권세와 사망의 권세를 이기시고 인류의 구속을 성취하셨다. 예수 그리스도께서 우주의 모든 권세의 승리자가 되신 것이다.

사단을 이기신 주님을 믿는 성도는 승리하신 주님처럼 세상에서 담대하게 살아가야 한다.

사단의 존재는 인간의 지식이나 힘을 능가하는 영적세력이지만 하나님께서 주시는 능력을 힘입을 때 비로서 대결하여 물리칠 수 있다는 사실로 전신갑주(진리를 허리띠에, 의를 흉배에, 평안의 복음을 신에, 믿음에 방패를, 구원을 투구에, 하나님의 말씀을 검에)를 입어야한다.

우리는 대적 마귀와의 싸움을 자신의 능력과 노력으로 치르려고 생각하는지? 그렇다면 모든 싸움에서 비참하게 패배당할 것이다.

끊임없이 성령 안에서 기도하는 훈련을 쌓으며 하나님의 능력과 전신갑주를 취함으로서 어떤 환란이나 곤고가 닥쳐와도 염려 하지 않고 의연하게 대처할 수 있다.

여호와를 경외하는 것이 지혜의 근본이요 거룩하신 자를 아는 것이 명철 이니라(잠9:10) 지혜를 얻으려면 하나님의 말씀을 들어야 한다.

성경말씀이다. 지혜는 하나님의 말씀이며 우리 가까이에 있음을 기억하고 그곳으로 돌아가야 한다. 마음에 간직한 말씀은 시시때때로 꼭 필요한 순간에 기억나게 하며 그 말씀대로 행하는 지혜를 가르쳐준다.

성령께서는 우리 안에 기억된 말씀을 통해 우리의 길을 인도하시고 행할 바들을 깨우쳐 주시기도 한다.

기독교의 진리가 다른 종교와 다르며 비교 할 수 없이 탁월한 것은 내적 깨달음과 통찰에서 그치는 관념적인 것이 아니라 그리스도의 부활과 그 능력으로 인해 하나님의 사랑을 덧입고 이 땅에 하나님의 나라를 이룩하는 변혁의 힘이 있다는 것 때문이다.

성도는 성령의 도우심으로 끊임없이 하나님에 대한 앎을 추구해야 하며 생활 속에서 적용해야 할 것이다.

여호와를 만날만한 때에 찾으며 가까이 계실 때에 그를 불러야한다. 아무리 가치 있는 것도 돼지에게 던져진다면 아무 소용이 없게 된다.

그러나 하나님의 지혜를 소유한자는 자기 앞에 놓여진 것에 대한 분별력이 있기에 자신에게 주어진 모든 것을 활용하여 결국에는 큰 열매와 수확 을 거두게 될 것이다.

일본인들의
시스템적 사고

지방의 중소도시에는 지금도 전차들이 운용된다. 닳고 낡아 옛 날 나무판자 바닥 그대로를 쓰고 있고 창문이나 창틀도 100년 의 추억, 그대로인데 천정 한 켠에는 다음 역을 알리는 전자 스크린이 붙어 있다.

필자는 일전에 개인지능과 조직지능에 관하여 칼럼을 게재한 적이 있다.

개인을 넘어 사회나 조직의 힘을 든든하게 구워 올리려면 조직지능이 높아야 한다는 요지의 글이었다. 그 조직지능의 한 예로 한국인과 일본인의 차이를 비교했고 그 단적인 예로 도요타 자동차의 노동조합의 발상과 처신을 들기도 했었다.

일반적으로 사람이 몸에 별로 어울리지 않는 뭔가의 불필요한 물건이나 복장들을 더렁 더렁 달고 장거리 달리기 경주를 한다면 반드시 중간에서 낙오하거나 좋은 성적을 내기가 어려울 것이다. 지능이 높고 지혜롭다는 것은 그 불필요한 것들을 정리하고 가장 쾌적하고 가벼운 상태를 유지할 줄 아는 능력, 기술과 같은 것이 아닐까?

　일본 상품들의 가격은 천 엔, 2천 엔 하는 식의 가격이 아니라 천 5십엔 5백 10엔 하는 식의 짜투리가 늘 붙어 있는 방식이었다. 원래 가격이 천 엔인데 그 다음의 값은 그 물품에 붙은 세금이라는 것이다. 그렇게 붙은 세금은 노인복지기금으로 네 명중 한 명이 노년인 고령인구들의 문제를 그런 식으로 보완, 해결하는 것이다.

　평생 부은 국민연금으로 상당한 액수의 금액을 연금으로 받고 그 혜택에다 다양한 아르바이트를 통해 생활비를 충당하는 데 고속도로의 통행비를 징수하는 일이나 골프장의 캐디 같은 일도 노인들의 전문 알바영역으로 운용되고 있다.

　고령의 사람들도 할 수 있는 공공에 속한 일들이나 단순동작의 일들은 노인들이 하게 하는 환경을 조성하고 그 방식을 문화화 시켜 힘이 있다면 누구나가 노동에 참여하게 해 경제적으로도 안정을 누리게 하고 또 신체를 늘 움직여 건강한 삶의 질을 높인다.

　그리고 일본에서는 직업을 세습하는 전통이 그대로 살아 있어 그 전통도 잘 선용되고 있는 것을 볼 수 있다. 가문 대대로 농사를 지었다면 자녀 중 계승자는 도시에서 좋은 교육을 받고 원하는 직장을 얻어 열심히 일하고 은퇴 후 그 일을 계승한다는 것이다.

　옛날에는 젊은 시절부터 그 일을 세습했지만 지금은 그런 식으로 계승해 가문 대대로의 노동을 이어 나간다. 그래서 농촌에서나 어촌, 옹기촌 같은 궁벽한 곳에서도 사람들이 씨가 마르는 일이 일본에서는 일어나지 않는다.

옛날에는 직업이 처음부터 그렇게 수 백 년을 도제, 견습, 세습되었기 때문에 무슨 일이든 어떤 물건이든 집집마다 고유의 맛이 있었고 깊이가 축적되는 장인정신을 발전시킬 수 있다.

높은 습도로 말미암아 어디를 가나 고색창연한 이끼가 끼어 사물과 만물에 신성한 깊이가 있다고 믿었던 그들의 내면처럼 직업도 우동을 삶든 빵의 안 코를 쪄내든 그렇게 대대로 의미가 있고 깊이가 있다고 믿었던 것이다.

그런 전통과 뿌리 깊은 의식을 깔고 있는 일본인들의 손끝에서 세계시장을 석권하는 상품들이 쏟아져 나오는 것은 어찌 보면 당연한 것이 아닌가?

가문과 가계에 대한 그런 애정은 자연스럽게 애향정신과 회귀본능을 경험하게 해 고향의 상품들을 구매하게 하고 또 때가 되면 자연스럽게 고향으로 돌아가는 문화를 만들어 전체의 구조적 삶의 선순환을 이루어 낸다. 또 경쟁력 있는 문화로는 자녀에게 유산을 물려주지 않는 분위기를 들 수 있다.

자녀가 고등학교를 졸업하면 일본인들은 기본적으로 독립적인 존재로 인정을 한다고 한다. 등록금은 해결해 주지만 용돈이나 기타비용은 기본적으로 자녀가 해결하게 한다.

곧 일본에서는 부모의 기득권이나 프리미엄이 통하지 않는 것이다. 물론 소수의 부자들은 그렇지 않겠지만 일반적인 분위기는 그렇다고 한다.

집을 한 채 상속 받아봐야 그 집값의 절반을 현찰로 세금으로 내어야 하기 때문에 그 절차가 번거롭고 귀찮아서도 상속을 피하고 사회에 환원해 버린다.

그리고 일본에서는 부동산 시세차익이라는 것이 없기 때문에 굳이 집 마련에 과도한 욕망이나 집착을 동원할 필요 자체가 없다.

금리가 제로에 가깝기 때문에 장기대출로 집을 확보하고 평생 그 할부금을 분납하면 그만인데 무엇 때문에 고귀한 인생을 집 한 칸 장만하는데 등골이 휘도록 몰입하고 투사한단 말인가?

여유와 누림은 힘쓰고 애쓰지 않아도 사회 시스템을 통해 저절로 흐르고 배어난다.

열심히 일하면 건강하게 누리고 노년도 위에서 말한 것처럼 누구나 염려하지 않고 풍족하게 살 수가 있다.

큰 병이 들어도 그 어떤 병이든 모든 치료비의 90%이상을 의료보험에서 해결해 주니 그야말로 노인천국이다. 그래서 그런지 일본에서는 여자의 경우 평균연령이 96세이고 전체인구에서 100세 이상의 노인이 1,000만 명을 넘는다.

어디를 가나 자전거를 이용하고 각종의 자전거들이 눈에 띈다. 건강에도 좋고 공해가 없는 기계이니 그 물건을 선용할 줄 아는 것이다.

어림잡아 보아도 세금이 일반 차의 절반인 경차들이 3, 40%는 되어 보인다. 시골이든 도시이건 대기 중에 먼지가 없다보니 차량들이 거짓말처럼 반들반들하다. 마치 한 날 한 시에 약속을 하고 다 세차를 하고 나온 것 같다.

전 국토의 73%가 산악으로 이루어져 있는데 그 숲의 80% 이상이 국유지로 관리가 된다. 곧게 만 위로 뻗어 올라가는 삼나무를 주로 심었는데 그 장관이 장난이 아니다. 숲은 우거져 그 속은 어두울 정도인데 그 풍경들이 유럽의 산야를 옮겨다 놓은 그림이다.

일본이 낳은 에니메이션의 거장 미야자키 하야오의 7,80년대에 작품에 등장하는 자연 파괴의 고발과 우려는 지금의 일본에서는 고리타분한 옛 이야기가 되고 만 듯하다.

거리는 깨끗하고 청결하다. 주차공간은 집마다 법적으로 엄격하게 확보하게 되어 있으므로 시골구석에서도 흐트러지게 아무렇게나 주차된 차량을 볼 수가 없다.

규모가 작은 소도시에서도 우리나라의 인사동거리처럼 맛깔스럽고 깨끗한 거리들을 쉽게 볼 수 있다. 후쿠오카 나가사키, 구마모토---지방의 중소도시에는 지금도 전차들이 운용된다. 닳고 낡아 옛날 나무판자 바닥 그대로를 쓰고 있고 창문이나 창틀도 100년의 추억, 그대로인데 천정 한 켠에는 다음 역을 알리는 전자 스크린이 붙어 있다.

우리에게는 시간이 끊임없이 단절되고 끊어져 반복적으로

부정되고 극복되어져야만 하는 시간이지만 일본인들에게는 그 모든 시간들이 유기적으로 공존하고 한 몸으로 조화를 이루고 있다. 그러면서도 역동성이 없는 정적인 시간이 아니라 그 시간이 끊임없이 화산처럼 분출되고 생성되는 시간이다.

전자상가에 가보면 눈이 핑핑 돌아가는 신제품들로 넘쳐나지만 시내에는 고색창연한 전차가 길을 차지하고 태연히 다닐 수 있는 나라가 일본인 것이다.

이 나라에서 가장 비싼 것은 유흥비이다. 생산적이지 않은 소비에서는 여지없이 무거운 세금과 가격을 매긴다.

아닌게 아니라 저녁 9시만 되면 거리에 차가 별로 없고 사람들이 다니지 않아 썰렁하다. 결국 대부분의 사람들은 가정으로 돌아가고 좀 별난 비정상적인 사람들은 비싼 돈을 지불하며 비생산적인 문화를 즐기는 것이다. 관광객들에게 밤이 가장 재미없는 나라가 이 나라라고 한다.

물론 일본도 사회적인 문제나 부작용들이 없는 것은 아니다. 우리처럼 빈부의 격차가 점점 심화되고 있고 편하게 넉넉함에 길들여진 젊은이들의 헐렁해지는 의식도 문제가 되고 있다고 한다.

일본인들의 전쟁범죄를 다 알지만 그들의 수준과 깊이의 경쟁력은 세계 모든 나라들의 찬사와 대접을 받는데 유독 한국 사람들만이 지금도 일본을 우습게 본다고 한다.

기본적인 자본을 깔고도 오랜 시간동안 시스템적인 사고를 축적시켜 왔고 그런 사고를 이미 오래전에 대중적으로 내면화 해 힘을 쌓아 세계를 상대로 전쟁을 일으키고 장사를 해 먹고 있는 나라이다.

그리고 그에 비해 우리는 이제 개인의 창조성에서 사회적 인프라를 생각하고 그 유기적 관계의 힘의 코드를 읽어내기 시작해 그 길목에서 우왕좌왕하고 있다. 이제 겨우 성숙이 힘이고 여유와 격, 협력과 공생의 질, 시스템적인 사고가 국력임을 체득해 내고 있는 실정이다.

필자는 이러한 한국인과 일본인의 격차를 단순한 소니나 삼성의 차이나 도요타나 현대의 차이같은 당장의 시장점유율로 해독하는 것은 또 하나의 근시안적 발상으로 본다.

교만과 탐욕, 허영과 과시욕, 불필요한 짐들을 내려놓고 가장 가벼운 몸으로 벌써부터 앞서서 길목을 선점하고 뛰고 있는 선수와 이제 자신의 몸에서 불필요한 과잉을 깨닫고 몸집을 줄이고 있는 대충 대충하는 하수의 차이라고 하면 너무 자학적인 해독일까?

그러나 희망은 있다. 일본은 800만이 넘는 종류의 우상숭배의 국가인 반면 한국은 국민의 25%가 하나님을 믿으며 전 세계에 2번째로 많은 선교사를 파송하는 제사장국가다.

인간의 계산방법과 하나님의 방법은 분명히 차이가 있다. 한국은 하나님께서 축복하는 나라임에 틀림이 없다.

part 9

41 · 지나치게 편향된 성경 해석주의

42 · 특별한 신앙

43 · 어떤 종류의 믿음인가

44 · 비전은 없다

45 · 거장들의 삶의 기술

다이돌핀이
주는 **지혜**

지나치게 편향된
성경해석주의

단면적인 논리로도 만약 어떤 사람이 일부다처제가 성경의 본 뜻이라고 믿고 관련 성구를 들이대고 그 성구를 중심으로 신구약을 꿰어 맞추면 얼마든지 그 단면의 세계관이 성경본문으로 가능해 진다는 것도 우리는 알고 있다.

•
•
•

　　　　신앙지도나 그에 관한 어떤 토론을 하다보면 때로 성경의 권위를 강조하며 지나친 태도를 보이는 사람을 만나는 경우가 있다.
　　말씀의 권위에서 신학도 목사도 어떤 주경신학자도 중간에 끼어들면 원래의 순수 뜻이 오염이 되므로 오직 '내'가 기도하는 순수로 직접 대면하는 말씀이 진짜라는 것이다.
　　우리 개신교가 성경의 권위를 최고로 우대하고 귀히 여기는 것을 존중하지만 이러한 우리 개신교의 태도를 견지하고도 이 정도로 까지 나가게 되면 그 정열도 쉽게 어떤 퇴행의 차원으로 함몰되기가 쉽지 않을까? 이런 사람 앞에서는 해석에 앞서 먼저 신학을 말하고 누구의 견해 운운하면 단박에 말씀의 권위를 충분히 이해하지 못한 불량한 태도로 보이고 인간적 견해에 오염되고 그런 차원에만 길들여진, 뭘 모르는 혼탁한 인본주의, 적어도 순수 신앙적인 면에서는 하수쯤으로 대접받기 십상이다.

그러면 이렇게 성경본문을 직접 대면하는 것이 과연 가장 하나님과 가까운 태도가 될 수 있을까? 하나님이 어떤 매개물이 없이 '나'와 개인적인 관계로 구원을 주신 만큼 성경 본문을 대함에도 중간단계가 끼어들면 오염이 되고 왜곡될 우려가 있어서 '내'가 보는 성경이 순수한 성경이 된다고 믿는데 그 믿음을 우리가 인정하고 신뢰할 수 있을까?

먼저 논리적으로 그런 입장이 불가능하다는 것을 필자는 말하고 싶다.

하나님이 직접 본문을 통해 그리스도인들에게 깨닫게 하고 감동으로 말씀하실 수 있다는 점에는 필자의 믿음에도 조금도 흔들림이 없다. 살아계시는 하나님이 그 말씀을 통하여 살아있는 은혜와 깨달음, 싸인을 매일의 삶속에서 성도 개인에게 경험되지 않는다면 그렇게 죽은 화석화 된 문장들이 무슨 하나님의 말씀인가? 하지만 그런 은혜들은 어디까지나 개인적인 범주에서는 신앙적인 유익을 주고 삶의 좌표가 될 수 있지만 그 해석 자체가 바로 공적인 권위로 그 객관성이 보장되지는 않는다. 왜냐하면 깨달은 말씀이 개인의 차원을 넘어 공적인 해석이 되고 공적인 권위를 얻으려면 누구나가 성경본문을 보는 이상 주관적인 깨달음 그 이상의 해석으로 검증이 되어야 하기 때문이다. 필자가 말하고자 하는 것은 개인의 해석의 권리를 부정하자는 것이 아니라 충분한 준비와 전문적인 준비나 훈련이 없이도 가장 성경적인 해석에 도달할 수도 있다는 과잉 의식의 불합리성을 지적하고자 하는 것이다

부패한 인간이 지금 서있고 지금 생각하고 있고, 지금 지각이 작동되고 있는 '나'가 과연 순수 진공상태에 존재할 수 있는 '나'일까? 모든 선입견을 배제한다고 믿는 '나' 속에 이미 지금까지의 개인적인 지식, 기질, 경험, 교육된 신앙, 신학적 입장이 의식과 무의식으로 작동될 준비를 하고 있지 않은가?

그리고 해석의 순간에, 기도 중에서도 마음으로 죄를 지을 수 있는 인간이 그 마음에 순수의 진공에 이를 수 있을까?

자신의 직업이 의사라면 의학적 기사에 의식이 더 촉발될 것이고 암 환자라면 기적의 치유기사에 더 의식이 갈 것이고 도덕적 성품의 소유자라면 도덕적 말씀에 의식이 작동될 것이 아닌가?

신학적 입장을 배제한다고 하지만 지금껏 배우고 몸에 배어온 신앙정서와 입장이 무의식중에라도 그 지각에 나타나고 투영될 것이 아닌가?

오늘날 신학적 견해가 많은 부분 심리적 기질 차이에서 비롯되는 것임을 밝혀주는 심리학적 사실이 이 사실을 잘 말해 주고 있지 않은가?

이런 주관적인 면에서 자유 할 수 없는 우리 인간의 연약을 헤아린다면 결국 '내' 가 '나' 의 순수입장에서 신학의 때(?)를 벗고 가장 성경의 본뜻이나 입장에 이를 수 있다고 믿는 것은 지나친 감상주의라고 밖에는 말할 길이 없다.

그 다음으로 문제가 되는 것은 성경본문의 특징적인 성격이다.

많은 사람들이 성경을 존중한다고 하면서 성경의 본문을 법조문을 해석하고 뒤집듯 그것을 평면상에서 올려놓고 인간의 건조한 체계나 논리적 틀에 끼워 맞추는 태도를 심화시키지만 성경 언어의 특징을 이해하면 그러한 지나친 열정들도 위험할 수가 있다.

성경, 즉 신앙의 언어는 인간 언어의 방식과 논리 실증주의적 과학과는 좀 다른 차원에 있다는 것은 잘 알려져 있다. 성경언어에는 다차원을 포함하는 포괄성이 내재되어 있다는 것이다.

어떤 성구에서는 구원이 하나님의 은혜, 즉 믿음으로만 가능하다고 명시되어 있고 또 어떤 구절은 충분한 행위가 수반되어야 하는 것으로 상반 되이 나타난다. 어떤 구절에서는 구원이 상실될 수 없는 과거완료로 나와 있고 어떤 구절에서는 구원의 완성이 미래형으로 명시되기도 한다.

이런 언뜻 보기에 상반되고 서로 대립적인 국면들을 하나의 통으로 보지 못하고 평면적인 논리의 포로가 되어 한 쪽 단면만을 주목하고 그 쪽의 시각만이 성경의 본뜻이라고 주장할 수 있는 것도 얼마든지 논리적으로 가능하다.

그러한 단면적인 논리로도 만약 어떤 사람이 일부다처제가 성경의 본뜻이라고 믿고 관련 성구를 들이대고 그 성구를 중심으로 신구약을 꿰어 맞추면 얼마든지 그 단면의 세계관이 성경본문으로 가능해 진다는 것도 우리는 알고 있다.

이런 이성의 한계와 범주를 초월하는 차원의 바다에서 신앙사고에서 훈련 되지못한 신앙인은 쉽게 길을 잃어버릴 수 있지 않을까?

이런 초 논리적인 신앙언어의 특수한 차원을 이해하지 못하고 자신이 해석하고 지각한 입장만을 성경의 권위와 동일하게 믿고 그렇다! 라고 고집하게 되면 언제든지 성경은 상반된 입장으로 성구를 동원하며 얼마든지 다른 해석들을 배척, 쪼개어 질 수 있는 것이다.

수많은 소 종파들이 충분히 성경을 몰라서도 발생했지만 반대로 성경을 너무나 사랑하고 집중한 나머지 너무나 성경적이어서(?) 촉발되었다는 것은 우리가 잘 알고 있는 사실이 아닌가? 그 모든 초 논리적 차원에도 불구하고 쉽게 해석하고 학습할 수 있는 공적인 해석과 체계적 논리가 필요한 것은 누구나가 공감하여 그래서 조직신학이라는 범주를 발전시켰지만 근본적으로 성경본문의 이런 특징을 이해할 필요가 있는 것이다.

저명한 정신분석학자였던 에리히 프롬이 인간의 정신, 내면의 심리기제를 분석하는 것을 업으로 삼게 된 동기도 바로 자신의 가문을 중심으로 발전한 유대교의 신경증적인 교리 논쟁 때문이었는데 우리에게서 만일 그런 사랑을 성경사랑으로 신뢰하고 인정한다면 그야말로 그리스도인의 의식기제들은 세상 사람들의 매력적인 연구대상이 될 수 있는, '너나 잘하세요!' 의 차원으로 전락하고 마는 것이 아닐까? 검증되지 못한 주관적 정열보다는 그래도 검증된 객관적 권위가 더 낫지 않을까?

신학이 말씀 그 자체일 수는 없고 성경과 동일한 권위를 가질 수 없다고 하는 신학의 그 잠정적인 한계를 충분히 인정하고서도 우리가 이런 균형의 생각을 경험할 수 있지 않을까? 아니 차라리 이러한 신앙사고의 객관성을 처음부터 인정하지 않고 말씀 말씀을 부르짖으며 순수의 열정을 불태우는 위험한 그리스도인들에게는 그냥 차라리 어떤 특정한 신학에 의지하고 안주하는 편으로 인도하는 것이 더 성경적인 것이 될지도 모를 일이다.

최선으로 발전할 수 없다면 오히려 차선이 최선이 될 수 있으므로. 성경은 성경이로되 그 성경이 만만한 것은 아닐 것이다. 아무나 성경을 보고 해석할 수 있지만 아무나 성경을 보고 해석할 수 있는 것은 아닐 것이다.

만인 제사장은 성경적인 모토이지만 그렇다고 하더라도 현실적으로 모든 사안에서 모든 개체 그리스도인들이 공적으로 교회를 대표하고 성경해석의 최종권위까지 대표로 가지는 그런 차원의 만인 제사장은 아닐 것이다.

그렇다면 우리는 모두가 하나님의 말씀 앞에서 더욱 겸손해

질 필요가 있지 않을까?

신앙의 전체적인 범주와 총체적인 범위 안에서 핵심적인 복음진리가 위협받는 사안이 아니라면 나와 좀 다른 해석이나 시각들에 대해서도 겸손히 귀를 기울이고 존중해 주는 태도가 필요하지 않을까?

그리스도 예수! 복음의 대면으로 거듭나 신앙의 권능을 개인적으로 경험, 성경말씀을 직접적으로 대면할 수 있다고 하더라도 이미 그리스도인들의 신앙 삶속에 객관적인 권위로 검증된 신학이나 오래된 지혜들에도 귀를 기울일 여유도 필요하지 않을까?

그런 빈 공간, 서로의 다름을 용인할 수 있는 최소한의 스폰지 공간의 겸손이 서로에게 확보되어야 비로소 그리스도 안에서 하나가 된다는 유기적인 비전이 가능해 지지 않을까?

만물에는 그 형상과 존재에 적확하고 건강한 거리가 있다고 믿는다. 나무를 보고 숲도 보아야 한다는 말이 있듯 성경도 지나친 태도로 그 자체 안으로만 몰입하면 그 성경도 결과적으로는 의외로 멀리 비껴가 전혀 성경이 아닌 모습으로 드러날 수도 있는 것이다.

누군가가 말했듯 글자 한 자 틀리지 않게 인용된 성구도 얼마든지 인간자아의 욕구나 마귀의 도구로 사용될 수 있다는 것을 생각한다면 겸손은 더더욱 성경 앞에서도 귀한 덕목이 아닐 수 없을 것이다.

특별한 신앙

불교의 경전들이 하나님에 의해 감동받아 기록된 것이라면 그 경전을 읽는 자의 영이 변화되어야한다. 그러나 불교의 고승들은 깨달음에 이르기 위해서는 경전을 불사르고 심지어 부처의 목도 칠 수 있어야 한다고 가르친다. 그 이유는 경전 자체는 단순히 깨달음을 위한 하나의 방편이지 성경처럼 살아 역사하는 것이 아니기 때문이다.

목회를 하다보면 가끔 신앙색깔이 매우 강한 분들을 만나는 경험을 한다.

많은 전체상의 신앙정서가 존재하는데도 그 균형상의 최소한의 포괄적인 이해도 보여 주지 못한 채 어떤 특정한 신앙사고를 고집하고 그 시각만으로 모든 현안들을 투사하는 좀 '특별한' 분들이 그런 분들이다. 그런 분들은 대개 어떤 특정한 개념적 용어에 고착되어 있어서 같은 신앙상의 정리라고 하더라도 자신이 사용하는 언어와 용어를 통하지 않으면 그 모든 것이 미흡하고 충분히 영적이지 못한다라고 인식한다.

그런데 그렇게 사용하는 그 보편성의 권위로 강변하는 그 용어들은 보통 자신이 속한 교회나 소종파안에서만 통용되는 폐쇄적이고 제한적인 용어들일 때가 많다. 그러면서도 그 협착된 용어나 개념이 성경적인 권위를 가지고 있고 그 것이 유일무이하게 우주와 사물, 세계관을 해석하는 최적점의 범주를 포함한다고 믿는데 조금도 의심이 없다.

이러한 과잉중의 하나를 들라면 종말론적 과잉도 그 중의 하나가 될 것이다.

요한계시록의 세계관을 중심축으로 심판에 임박한 신앙의식을 보이는 것이 이런 포맷에 서 있는 분들의 특징인데 이 경우 신앙의 가치관에서 가장 중요시 되는 것은 영적인 지순주의이다.

온 세계가 마귀에 오염, 연합, 그 조종 하에 교회를 핍박하고 참 성도를 미혹하는 거대한 위기로 달려가고 있기 때문에 그리스도인을 자처한다면 이런 영적인 흐름을 읽고 깨어 올바른 믿음과 참 복음을 유지해야 한다는 것이 이 신앙관의 최고의 관심이다.

신구약을 통틀어 이런 종말론적 위기는 우리 신앙인에게는 꼭 필요한 요소라고 하는 데에는 모든 그리스도인들이 동의하지만 종말론적 포맷에만 함몰된 이런 경우는 그 종말론적 시각이 다른 모든 신앙의식을 종합하고 풀어내는 암호요 그것이 성경을 조망하는 핵심이라고 까지 믿어지므로 문제가 그렇게 간단한 것이 아니다.

이런 과도한 입장에 서있는 분들에게는 연합이니 세계교회, 평화이니 하는 어떤 범세계적 아젠다로 연결되는 차원들을 생각나게 하는 소스들은 머리가 다 쭈뼛해 질 정도로 위험하게 보인다. 심지어 교회의 사회적 섬김과 평화운동, 환경운동과 같은 그런 시도나 활동을 실천하는 것 까지도 부정적으로 보고 우려하는데 그 이유는 그런 흐름들이 결국은 계시록에 나오는 세계정부의 형태로 발전할 수 있다고 보기 때문이다.

그런 정치적인 차원뿐만 아니라 오늘날 교회 내에 강조되고 있는 삶이나 신앙에서의 영성훈련을 통한 내적 성숙 같은 신앙적인 국면에서도 그 분들은 같은 경계심의 반응을 보인다.

그러한 요소들도 모든 종교의 공통분모를 찾아 타종교에도 있을 수 있는 그 공통분모를 중심으로 궁극적으로는 하나님을 대적하는 혼합주의로 심화될 수 있다고 믿기 때문이다.

그런데 우리가 만약 이런 신앙의 시각에만 사로잡혀 있다고 할 때 예상되는 문제는 한두 가지가 아니다. 이런 점을 현실적으로 헤아려 보면 먼저 그런 지순주의 관점은 세상을 병적으로 부정하는 영지주의적인 이원론에 떨어지게 한다.

계시와 계시에 붙어 접촉되어 일어나는 그 문화적 변혁의 차원을 구분하지 못하고 오직 계시만이 진리라고 해 버리면 모든 기독교 문화는 그 범주 자체가 근본적으로 부정된다.

신학도 세속 철학의 지적 체계를 선용하고 응용하여 매우 유용하게 교회가 사용하고 있는데 그런 논리로 하면 그것도 그리스 로마, 이교의 영에 이미 오염된 것으로 위험하다고 해야 하는 것이다.

교회의 거의 모든 행습이나 문화들도 성경본문에 세세히 다 명시되어 있는 것이 아닌 만큼 논리적으로는 그 모든 것이 이미 혼합주의로 배격되어야 한다.

결국은 진리를 깨끗이 지키자는 그 지순주의의 진리는 이와 같이 종국에는 자신마저 다 부정해 버리는 자기파괴적 결과를 자초하게 되는 것이다. 즉 진리가 살아 역사하여 세속의 문화를 정복하고 하나님을 섬기는 의의 병기로 변화시킨다는 그 선교의 '역사'를 부정하게 되는 것이다.

이런 점을 일찍부터 간파한 유진 A. 니다 같은 선교학자는 그래서 "우리가 문화를 거슬러 순수복음을 추출해 낼 수 있다고 하는 환상은 결국 복음을 포기하자는 것과 다름이 아니다"라는 말을 했던 것이다.

그 다음으로는 그런 시각으로 한다면 교회는 사회와 공동체를 분열 시키는 핵으로 기능되고 그렇게 좁혀질 것이라는 점이다. 참 진리의 순수성을 수호하자는 그런 폐쇄적 논리로만 한다면 협동이니 화합이니 평화이니 하는 사회적 개념은 아예 처음부터 들어 설 자리가 없다.

교회가 순전히 사회봉사를 위한 단체가 아니라 세상을 향하여 천국을 예표하고 복음을 전하는 기구라고 하는 지극히 정통적인 이해를 하더라도 그 복음의 영향력 안에는 사회에 건전한 영향력을 끼칠만한 도덕적인 권위와 윤리적 내용이 열매로 나타나는 법인데 그런 시각으로는 이런 빛과 소금의 차원까지 부정되어 버린다는 것이다.

결국 그렇게 되면 성경에서 종말에 대한 위기의식만 남고 전체 성경에서 강조되는 그리스도인의 풍성하고 건강한 '삶'은 들어설 여지가 없게 되는 결론에 이르게 된다.

십계명을 말하고 건강한 윤리와 도덕, 사랑, 생명의 삶을 말씀하시는 것은 교회가 이 세상에서도 칭찬받을 만 하여서 그 경쟁력으로 번식하고 번성하는 재생산을 통해 하나님의 이름이 영광을 얻고 그 복음으로 세상에 편만하여 세상을 구원하게 하는 하나님의 선하신 계획이 아닌가?

그리고 그런 빛과 소금의 관점이야말로 그리스도인의 삶을 더욱 깨끗하고 투명하게 해 그 삶의 포맷 자체가 말세를 향한 가장 힘 있는 준비가 될 수 있지 않을까? 이런 진리의 기능성을 부정하고 붙잡고자 하는 진리가 과연 무슨 차원의 진리일까? 결국 그 진리의 시각은 폐쇄적 순수를 고집하는 소 종파를 위한, 소 종파에 의한, 소 종파의 이데올로기가 아닐 수 없다.

그러면서도 그럴수록 그 분들은 성경을 펴 그 '소수'의 영광을 자랑하고 그 '소수'를 명예스럽게 생각한다. 그 '소수'가 바로 좁은 길이며 남은 7천명의 명예라는 것이다. 하지만 건전한 신앙은 사안을 그렇게 한 쪽으로만 치우치지 않는다.

프랜시스 쉐퍼의 말처럼 성경의 전체적인 뜻이나 그 강조점을 볼 때 종말론은 우리 신앙의 한 부분이지 그 종말론이 전체 성경을 종합하고 풀어내는 키워드는 아니라고 보는 것이다.

전체 신앙에서 계시록도 중요한 것은 두 말할 것도 없지만 그렇다고 계시록에 기초한 영적 지순주의를 우위로 하면 전체 구원론에도 혼란을 줄 수 있으므로 이신칭의의 기본 구원론을 중심으로, 그리고 빛과 소금의 힘으로의 교회가 중요한 만큼 말세도 그런 윤리적 삶의 조망에서 이해되고 풀어져야 한다고 믿는 것이다.

마틴 로이드 존스가 종말론을 설교하면서 균형을 늘 강조하곤 했는데 그 균형도 바로 이런 차원으로 언급한 것이다. 어떤 관점이든 거듭난 인간으로서의 총체적인 면과 통전성을 보장해 주지 못하는 왜곡된 관점은 곤란하지 않을까?

예수그리스도는 인간을 죄와 모든 억압의 굴레에서 해방시키는 구속과 해방의 진리이시다.

하나님은 일찍이 대선지자 이사야를 통해서 미리 계시하였다.

"주 여호와의 신이 내게 임하셨으니 이는 여호와께서 내게 기름을부의사 가난한 자에게 아름다운 소식을 전하게 하려하심이라 나를 보내사 마음이 상한 자를 고치며 포로 된 자에게 자유를 갇힌 자에게 놓임을 전파하며"(사61:1)

성령께서 우리에게 깨닫게 하심으로 주시는 자유는 우리가 죽은 다음에 어떤 상태에 이르는 피안의 자유가 아니라 구원과 해방의 복음이 선포된 바로 그곳에서부터 구체적이고 실질적으로 획득 되어지는 자유다.

하나님의 말씀이 지닌 권위보다 무엇인가를 더 권위 있게 여기고 있지 않은지? 자신이 체험한 신비한 것이나 우리의 지식을 성경의 권위 위에 두고 있다면 이단들처럼 거짓된 복음을 따르는 자이다.

불교의 경전들이 하나님에 의해 감동받아 기록된 것이라면 그 경전을 읽는 자의 영이 변화되어야 한다. 그러나 불교의 고승들은 깨달음에 이르기 위해서는 경전을 불사르고 심지어 부처의 목도 칠 수 있어야 한다고 가르친다. 그 이유는 경전 자체는 단순히 깨달음을 위한 하나의 방편이지 성경처럼 살아 역사하는 것이 아니기 때문이다.

성경의 문자가운데서 역사하시는 하나님을 만날 때 우리는 영의 변화를 체험할 뿐 아니라 성경 속에 감추어진 비밀을 발견하여 깨닫게 된다.

요한복음17:3에서

"영생은 곧 유일하신 참 하나님과 그의 보내신자 예수그리스도를 아는 것 이니이다"

고 하였다.

그래서 사도바울은 예수그리스도는 우리의 소망이라고 고백하였으며 이 소망을 얻기 위해 세상 모든 것들을 배설물로 여기고 주님만을 따랐던 것이다.

복음의 종들은 바울처럼 영원한 구원의 생명이신 예수그리스도만을 바라보는 소망가운데 살아가야한다.

어떤 종류의
믿음인가?

- 힘(권력)을 경험하고 이해하는 내면의 성숙도를 보여야

하나님의 진리는 '잃어버린' 우주와 인간을 원래의 창조주의 뜻대로 돌리고자 하는 것을 목표로 하는 만큼 그 내용의 귀착점은 전 세계이며 전 우주이다. 그렇기 때문에 그 진리의 내용과 언어는 필연적으로 항시 전체를 포월 하거나 그 전체의 역학점을 뒤집는 권능으로서의 영적인 권위의 모습을 띠게 되는 것이다.

⋮

웨슬레는 신앙을 이해하는 핵심단어가 바로 '권위' 라고 말한 적이 있다.

그러한 웨슬레의 통찰은 전적으로 부패한 우리 인간이 그 부패를 이기고 다시 태어날 수 있는 힘은 칼빈의 엄중한 전적 타락교리가 아니더라도 인간 스스로에게는 존재하지 않는다는 성찰을 바탕으로 한다.

'인간 스스로'의 내부에는 존재하지 않는 인간의 극복점은 오직 인간의 바깥, 즉 '위로부터' 내려오는데 그 내려온 '위'는 그러므로 인간에게는 인간의 조건을 걸고 넘어갈만한 '절대'의 권위로 설정되고 경험된다.

그 '절대'의 좌표, 구축 점에 걸려 뒤집혀서 비로소 인간은 절대좌절의 바다에서 허우적대는 것을 그치고 모든 것이 '가능한' 절대 소망과 긍정, 거듭나는 의인이 된다는 것이 우리 신앙의 기본 정통 공식인데 이러한 기본을 웨슬레는 핵심적으로 잘 말해 준 것이다.

그러면 신앙, 즉 진리는 관념이나 어떤 내적 집적물의 통합적 우주론으로 설명하는 자연종교와는 달리 필연적으로 권력적인 성격을 띠고 그 권력적 권능을 추구한다.

허무와 죄의 고통, 죽음, 좌절의 바다를 역동적으로 흡입, 부정하고 새로운 생명과 존재로 거듭나게 하는 힘과 그 '믿음' 능력은 그 자체가 벌써 권력적 능력이 아닌가?

물론 이 권력은 예수님께서 스스로도 명백하게 명시 하셨듯 세속적인 차원의 권력은 아니다.

내적 권력이고 영적 권능으로서의 권력이다. 그 내적인 힘으로서의 내면성이 강조되면서 결국은 외면의 현실까지도 그 힘의 영향력에 의해 변개가 되지만 그 내적 힘의 근거적 원리로서는 세속적 역학의 힘으로서는 그러므로 부정된다.

곧 가이사의 권력이나 로마제국의 정치적 힘으로서의 진리가 아니라 인간의 영혼을 다스리는 신앙적인 힘으로서의 힘을 강조함이 그것이다.

"---하나님의 나라는 너희 안에 있느니라"(눅17:21)

그래서 성경은 세속의 권력이나 가이사의 제국을 가치적으로는 부정한다. 그 힘은 허위요 지나가는 바람, 생명과는 무관하게 가벼운 '겨' 일 뿐이다.

하지만 그렇다고 하더라도 그 진리의 힘은 이 세계내적 시간 안에서는 영역을 넓혀 가능한 한 선교적으로 많은 대중을 확보하고 그들의 눈과 귀에 들려져야 하므로 코스모폴리탄적인 확대를 지향한다.

세속의 권력과는 또 다른 영역으로 차원을 달리하지만 그 다른 영역에서는 또한 필연적으로 확대와 포괄, 다변한 표현력과 대중적인 힘을 얻고자 하는 권력 의지적 의미를 지니는 것이다.

결국 우리가 고백하는 그리스도는 계시록에 선포되는 것처럼 역사의 터미네이터이며 세속적 역사와 물리적인 우주까지 다 통섭, 포괄하는 심판의 주이시며 최후의 언어자가 아니신가?

결국 이렇게 하나님의 진리는 '잃어버린' 우주와 인간을 원래의 창조주의 뜻대로 돌리고자 하는 것을 목표로 하는 만큼 그 내용의 귀착점은 전 세계이며 전 우주이다. 그렇기 때문에 그 진리의 내용과 언어는 필연적으로 항시 전체를 포월 하거나 그 전체의 역학점을 뒤집는 권능으로서의 영적인 권위의 모습을 띠게 되는 것이다.

진리는 이와 같이 결국은 우리 인간의 삶을 총체적으로 투과해 의미화하고 그 뜨거운 의미로 삶의 전 부분을 변개시킬 수 있는 영적인 힘인 것이다.

　이러한 기독교 진리의 특징적인 역동성을 잘 이해하지 못하면 성경은 언제든지 자연종교의 범주로 휘어지고 퇴행적으로 내려앉게 된다는 것은 우리가 잘 알고 있다.

　하지만 한 편, 우리 신앙의 이러한 (관념이 아닌) 권위의 역학점을 핵심으로 하는 주 내용은 일찍이 알리스터 맥그라스가 지적해 주었듯이 우리 인간들의 연약함으로 인해 그 전달과정에서 다음과 같은 부작용들을 생산할 수 있어 일말의 우려들을 남길 수 있는 것도 사실이다.

　특별히 진리를 전달하고 경험하는 사람과 그 사람들의 문화가 미숙할수록---.

　먼저는 흔히 진리의 권위와 진리의 전달자의 권위를 동일시하는 오류들이다. 자신이 그 힘에 의해 역동적인 변화를 경험한 만큼 그 진리를 전달해 준 전달자에게 필요이상의 권위를 투사하는 부작용이 그것이다.

　말씀을 전달하는 하나님의 사람에게 충분한 경외심과 존경심을 표하는 것은 성경도 교훈하는 바이지만 어떤 경우는 그 경외와 존경이 지나쳐서 그 전달자에게 불필요할 정도로 의존적이 되고 몰이성적으로 맹목적이 되는 경우들도 흔히 있다. 이런 경우는 전달자의 영적 능력이 클수록 더 잘 나타나고 심지어 이런 예에서는 전달자에게 치명적인 도덕상의 문제가 나타나도 그 전달자를 변함없이 추종하는 그런 심리적 현상들에서도 잘 나타난다.

알리스터 맥그라스도 사례로 보고해 주었듯이 미국의 유명한 TV설교자들이 불미스런 스캔들로 무너졌을 때 여전히 일정한 세력을 형성하며 그들을 추종하며 따랐던 일단의 사람들이 그런 경우들이라고 할 수 있다.

그리고 이런 '권위'의 전달과정에서 보여 지는 또 하나의 미숙한 점은 진리라고 하는 그 권위에 의해 진리의 권위를 경험하는 것이 아니라 진리라고 말하는 그 전달자의 카리스마나 인상적인 확신에 의해 진리라고 받아들이는 예이다.

이런 경우도 앞의 경우와 크게 다르지 않은 부작용으로 신앙인의 진리에 대한 확신과 정체성이 주체적으로 수립되지 못하고 그 진리에 대한 믿음이 설교자의 개인적 오류와 한계들에 좌우될 수 있다는 점에서 결코 건강한 그림이 아니다.

이런 현상이 현실적으로 존재하므로 일단의 설교자들은 진리 그 자체의 힘에 지배받으려 하기 보다는 진리보다 먼저 자신의 언행과 목소리, 제스쳐가 권위 있게 보이도록 애쓰려는 노력들을 보이기도 하는 것이 아닌가?

그 다음으로는 진리의 범주, 그 신앙 권위의 범주에 대한 오해와 이해상의 오류들로 나타나는 여러 가지 다변한 부작용들을 들 수 있다. 진리가 권위의 성격을 띤다고 할 때 그 권위를 세속적인 차원과 잘 분간을 하지 못하고 쉽게 물리적인 방식과 표현으로 이해되고 표출되는 현상들이 그것이다.

곧 진리의 권위는 그 진리를 전달하는 성직의 권위(획득된 권위가 아닌 스스로 주장되는 차원에서)로도 이해되어 일종의 권력으로도 쉽게 오인되고 그 '권력'의 권위를 위해서는 일정수준 이상의 물리력이 따라야 하고 그에 맞는 지배력으로 표현되어야 한다고도 생각한다. 곧 진리는 지배하고 과시하는 형식으로도 나타나야 한다는 가치관이 그것이다.

사람들이 많이 모여야만 하나님의 성공으로 평가되고 거대 행사와 대형 이벤트, 자극적인 물량으로 시위하고 표현되어야 제대로 된 기획으로 대접을 받을 수 있다고 믿는다.

이런 현상들이 특히 우리 사회에 자주 나타날 수 있는 것은 현실적으로 물량과 자극의 방식으로 해야 통할 수 있다고 믿는 우리 사회의 지배적인 하위문화와 결코 무관하지 않다.

이러한 권위에 대한 미숙한 이해는 권위를 자연스럽게 또 기존의 정치질서나 현실적으로 힘을 행사하고 있는 특정 이념과 동일시하고 그 세속적인 권위와 연계시키는 집착과 발상들로 귀착되기도 한다. 내면으로 들어가는 진지한 방법보다는 눈에 보이는 손쉬운 방법들을 택하는 것이다.

정교분리의 원칙을 천명하면서도 이렇게 실제적으로는 야

합적 정치참여를 통해 권력적 힘을 확보하기를 원하고 그러면서도 좌파적 참여를 향해서는 정교분리 운운하는 이율배반적 모습을 보인다.

하지만 진리가 일반적으로 이렇게 표현되고 추구되어 진다면 그 진리는 외면을 지배하고 통제하고자 하는 세속의 권력과 힘, 그 정글의 법칙과 무엇이 다른가? 그렇게 세속과 구분이 어려운 이런 시장성 차원의 진리라면 결국 그 진리는 언제든지 권력욕구로 변질될 수 있는 진리이고 욕망의 대상으로 쉽게 전락할 수 있는 '열린' 진리가 아닌가?

그렇게 되면 결국 교회도 신앙의 이름과 그 보증된 권위로 신앙인들을 만들어 내기도 하지만 세속적인 힘과 물량을 하나님과 신앙의 이름으로 추구하는 더욱 영악하게 '세속적인' 사람들을 대량으로 양성해 내는 집단으로도 쉽게 변질될 수 있지 않은가?

이러한 우리 인간들의 연약과 한계, 미숙한 점들을 통찰해 보면 우리는 진리에 대하여 '권위'와 영적 '권세'(힘)이라고 하는 기독교 진리의 정통적 이해를 잘 분별하고 정확하게 믿을 수 있는 것도 중요하지만 그 일차적인 믿음 못지않게 그 권위를 바로 믿고 그 힘을 이해하는 해석도 중요해 진다는 것을 알 수 있다.

인간의 운명을 변개시키는 이 놀라운 믿음의 권능! 이 권위에 붙어있는 총체적인 진리의 범주들을 잘 이해하고 아름답게 선용할 수 있는 성숙도를 보여주는 것도 매우 중요함을 알 수 있다.

　이러한 점들을 헤아린다면 믿음이라고 하는 권위 앞에서 우리가 성찰의 끈을 놓지 말아야 하는 것은 우리의 믿음이 (어떤 심리학자의 충고처럼) 믿음이냐? 아니냐? 하는 것과 함께 동시에 그 믿음이 어떤 종류의 믿음이냐? 하는 반성적 질문이 아닌가?

비전은 없다

교회마다 예외 없이 추구하고 슬로건으로 내거는 '세계선교'와 같은 그런 과잉된 모습들이 그것이다. 선교를 그만큼 세계적으로 실천하는 것이야 우리가 늘 뜨겁게 사모하는 바이지만 균형이 전복된 그 과잉을 필자는 지적하고 싶은 것이다.

･
･
･

　　우리 개신교에는 자본주의 시장원리를 패러디한 여러 용어들이 이미 하나의 신앙용어로 까지 안착된 경우들이 적지 않다. 그중에서도 대표적인 경우의 단어를 들라면 필자는 단연 비전(vision)이라는 낱말을 들고 싶다.

　　'꿈'을 가져라! '비전'을 품어라! 우리 교회, 우리 목사님의 비전은 무엇이냐? 하는 그 비전을 이름이다.

　　어떤 경우는 아예 목사후보생이 결혼을 위한 선을 보는 자리에서도 영락없이 상대로부터 어떤 비전을 갖고 있느냐? 하는 질문을 받게 되는데 이런 비근한 현상들은 이미 우리 교회에서 하나의 문화적인 관습의 범주로 내려앉은지 오래이다.

　　이런 폭력적(?)요구들에 답이 구체적이지 못하고 흐릿하거나 두루 뭉텅하게 포괄적으로 얼버무리다가는 딱지를 맞기 십상이고 당장 영성이 검증되지 않는 비전무, 무 내용의 사람으로 낙인찍히고 만다.

신앙의 주요 내용에서(특히 교회에서) 오히려 이런 '비전'이라는 용어를 통하지 않으면 교회의 생성과 발전, 존립, 성장, 부흥이 설명이 불가능할 정도이다. 그러면 비전이란 말은 무슨 뜻인가? 그 보편적인 용어는 과연 성경에도 지배적으로 명시되어 있는 개념인가? 우선 일차적으로 영어 사전을 들춰보면 'vision'이란 (시인 정치가 등의) 상상력, 직감력, 통찰력, 미래상, 선견지명이라는 뜻으로 기술되어 있다.

사전적인 의미로도 비전에는 우리 교회가 이해하고 있는 어떤 꿈이나 이루어야 할 사역의 내용, 조직목표라는 의미는 없는 것이다. 비전이 '보는' 것과 관계가 있는 개념이며 어떤 합리적이고 이성적인 목표의 차원이 아니라 초월적으로 보여 지는 어떤 직감과 통찰과 관계있는 말인데 일차적인 의미로도 일단 우리가 알고 있는 개념과는 다른 것이다.

성경에 '묵시가 없는 백성은 방자히 행하거니와--'(잠29:18)

라는 구절에서 그 '꿈'을 어떤 영어성경이 'vision'이라는 낱말로 번역을 했는데 필자가 인용한 사전은 일단 그 '비전' 원래의 뜻을 비교적 잘 설명해 주고 있는 것이다.

비전의 그 원래의미에서 (눈에) 본다라고 하는 그 보는 것은 어떤 물리적인 목적으로의 보는 것이 아니라 하나님의 주어진 뜻과 계획에 따라 미리 눈에 초월적으로 보여주는, 영적이고 은사적인 현상으로 보여진 그런 초월적인 그림을 말한다.

원래 히브리어로도 '묵시'('하존')는 선지자들을 통하여 계시된 하나님의 뜻을 가리키지 않는가? 이를테면 아브라함에게 보여주신 별과 같이 많은 후손이나 가나안 땅, 그리고 모세가 보는 민족의 구원, 에스겔의 환상등과 같은 것이다.

그러면 오늘날 우리교회가 응용하고 있는 비전의 개념은 이런 성경의 영적이고 환상적인 차원과 얼마나 어울리는 개념인가? 먼저 성경의 비전은 인위적인 목표가 아니다.

보는, 혹은 도달해야 하는 어떤 목적이라고 하는 의미가 포함되어 있지만 그 목적은 섭리적이고 계시적인 목적이지 인위적으로 이루어지는 경영학적인 범주의 목표는 아니다.

포괄적으로 '보는' 것과 지향되는 '목적'과 관계된 말이므로 그 의미의 범위 안에서 시각적인 목표로 응용해 볼 수도 있다라고도 할 수 있겠지만 우리는 그 결과에서 나타나게 되는 뚜렷한 차이를 분명하게 직시할 필요가 있다.

논리적으로는 하나님의 섭리 안에서 보여 진 그 예언적 목적을 향해 성실을 다한다는 차원에서 어떤 경영적 목표로의 비전으로 선용이 가능할 수도 있겠지만 그러나 성경의 비전이 경영학적 비전으로 치환되어 버리면 그 비전의 차원, 성격, 내용의 질은 많이 달라져 버린다.

발상은 응용이지만 그 응용은 결과적으로는 심각한 탈색, 내지는 변색이 될 수도 있다는 것이다.

우선 논의의 편이를 위해 계시적 비전을 비전A 라고 하고 일반적(경영적 의미) 비전을 비전B라고 해보자. 비전A가 비전B가 되면 같은 용어라도 그 과정에서 일단 하나님의 주권적 의미나 섭리적 의지가 치명적으로 약화된다.

비전에서 하나님의 주권이 흐릿해 지거나 빠져나가면 금방 비전은 어떤 시각적 목표나 우리가 매이고 이루어내어야 할 물량적 성과로 굴절된다.

신앙이 여기서부터는 바로 조직역학이나 경영의 범주, 어떤 인위적인 심리기제, 틀로 탈색이 되는 것이다.

물론 교회의 운용에 경영적인 마인드가 있고 또 일정 부분 있어야 하지만 비전B가 되는 순간 경영마인드가 교회운용의 지배적인 정서로 올라가 비본질이 본질을 압도하는 전복이 발생한다. 그렇게 되면 신앙공동체인 주님의 교회는 쉽게 어떤 경영공동체로 내려 앉아 버리지 않을까? 이런 변색으로 대개의 잘 나가는(?) 교회나 선교단체를 보면 그 비전의 주요 내용 중의 하나로 예외 없이 어떤 선교센터나 총회회관과 같은 눈에 보이는 건물이 제시되는 것을 볼 수 있다.

그리고 이런 흐름에서 비전A의 창조적 소수의 성격이나 기능은 쉽게 대중화되어 너도 나도 비전 운운하며 비전이 성과적인 목적으로 쉽게 오인되어 하위문화에 몰두하는 거품적인 과잉으로 심화 된다.

이 과잉이 시장원리를 적극적으로 패러디한 개신교 신앙의 내면을 만나게 되면 그 파괴력(?)은 가공할 만한 크기의 시너지로 확장되지 않을까? 비전B가 이미 교회 안에 문화적으로 안착이 된 현상은 이로써 설명이 될 것이다.

그런데 현대인들은 먹고 살아남기가 삶의 절대과제였을 때는 그런 비전B가 주는 열정과 파토스들에 매료되고 몰입되기를 좋아하여 개신교회로 몰려들었지만 살아남기가 해결되고 난 이후의 문화적인 삶에서는 같은 내용이 오히려 피로현상으로 역전된다. 물질이 없는 가난을 치유하기 위한 치열한 삶의 욕망적 동기와 정열을 기대하는 것이 아니라 해결된 경제적 문제, 그 압축 성장에 도달하기 위해 지불한 심대한 삶의 에너지를 이제는 같은 신앙 앞에서도 순화시키고 치유해 주기를 기대하는 심리로 바뀌는 것이다. 오늘날 신앙의 질이나 격을 요구하고 손쉽게 교회를 떠나 '느림'과 '여유'의 천주교회로 발걸음을 옮기는 현상을 보라!

그리고 이런 비전의 곡해는 대개 개신교 내면 의식과 만나 다음의 사례와 같은 과잉들로 쉽게 연결된다. 곧 비전의 과잉이다.

교회마다 예외 없이 추구하고 슬로건으로 내거는 '세계선교'와 같은 그런 과잉된 모습들이 그것이다. 선교를 그만큼 세계적으로 실천하는 것이야 우리가 늘 뜨겁게 사모하는 바이지만 균형이 전복된 그 과잉을 필자는 지적하고 싶은 것이다.

대개의 교회는 선교를 말하면서 너무나 쉽게 전 세계를 포괄하고 그 세계를 책임지려고 한다. 각자가 다 개별적으로 선교센터를 짓고 선교사를 훈련시켜 파송, 세계선교를 실천하는 세계선교를 부르짖는데 모두가 다 '세계적'이다.

그렇게 개체 교회들이 다 세계적으로 통이 커지면 전체적으로는 그 세계는 이미 세계가 아니지 않을까? 작은 하나가 '하나'로서의 최선의 성실을 하는 가운데 조화와 입체미로 성장, 자연스럽게 스스로 세워지고 이루어지는 아름다운 세계가 아니라 그렇게 개 교회가 다 세계를 지향하고 포월 되어 버리면 그 세계는 물량적 세계로 내려앉은 천박해진 세계가 되지 않을까?

오늘날 개신교회가 세상에 어떤 혐오의 이미지를 전달하는 것은 바로 이런 성찰이 없이 비전에 사로잡힌 내면으로 말미암은 고착된 자아들이다. 한 사람의 신앙인으로서 올바른 가치관, 제자도의 아름다운 성실을 향해 관심이 촉발되고 이끌리기 전에 비전과 같은 외적목표에 휘둘려 내면이 뒤틀리고 그와 같이 충분히 성숙되지 못한 기본에서 '세계'와 같은 거대와 물량적 권위에 투사되어 버리는 이런 비정상의 범주들이 그런 이미지들을 증폭시켜 내는 것이다. 그렇게 쉽게 끓고 쉽게 비약되어 버리는 이런 미숙함의 바다에서 과연 오늘을 살아가는 현대인들에게 통할 수 있고 그 현대인들을 치유하고 위로할 삶의 모범과 대안들이 생산될 수 있을까?

필자는 세계선교나 선교센터와 같은 건물이나 눈에 보이는 성과적인 열매들을 부정하고 그런 차원을 수준 낮게 폄하하려는 영지주의적 의도에서 이런 글을 쓰는 것이 아니다. 성경적인 가치관에 충실하는 가운데 쉽게 '밖'을 장담하지 말고 개체적 하나로서 기본을 지키는 경쟁력이 더 중요함을 강조하고 싶을 뿐이다.

오히려 세계라고 하는 세계적 성과는 개체적 하나가 그렇게 쉽게 밖을 보지 말고 안을 보고 최선을 다할 때 더 빨리 더 높게 제대로 도달할 수 있지 않을까? 이렇게 이해하면 교회가 진정 힘써야 하는 성장의 최전선은 '너나 잘하세요!'라는 냉소를 받게 되는 그 '밖으로'의 투영이 아니라 바로 자신이다.

힘 있고 건강한 능력 있는 개인, 개체적 하나! 그 하나를 향한 믿음과 진정성인 것이다. (이것이 하나! 개인을 귀중히 여기고 강조하는 성경의 뜻이 아닌가?)

지금 세상과 사람들은 최소한이라도 그런 진정성의 모습을 보고 싶어 하고 그런 감동에 목말라 고통당하고 있는 것이다.

거장들의 삶의 기술

일상에 밋밋하게 묻혀 있는 우리 소시민들도 누구나가 성찰해 보면 자신만의 무대 위에 서 자신의 삶을 연주해 나가도록 내몰린 숙명의 연주가들이 아닌가? 환호와 갈채, 눈에 볼 수 있는 영광의 무대는 아니더라도 가장 무서운 청중은 바로 스스로의 자신이며 오직 하나뿐인 음악을 소화해야 하는 연주가! 무대에 서야만 하는 거장은 자기 자신이 아닌가?

한국이 낳은 세계적인 첼리스트 장한나는 11세 때 첼로계의 신화요 살아있는 전설인 로스트로포비치가 주재하는 첼로 콩쿠르에 나가 당당히 1위를 하는 기적을 연출함으로 세계 첼로계의 신데렐라로 등장했다.

그 때가 1994년 가을.

한나가 자신의 몸보다 더 덩치가 큰 첼로를 끌고 나오는 모습을 보고 로스트로포비치는 훗날 "첼로가 혼자서 걸어 나오는 줄 알고 깜짝 놀랐다"는 회상을 했다고 한다. 33세 미만이면 누구나 참석할 수 있었던 콩쿠르---그 중에서 대부분의 쟁쟁한 경쟁자들은 한나 보다는 두세 배의 연배들이었다.

마침내 차례를 기다리느라 사흘 만에 선 예선 무대에서의 첫 연주---연주가 끝나자 무대 뒤에 있던 로스트로포비치가 갑자기 다가와서는 한나를 번쩍 안아 올리고는 "아주 잘했다!"라고 하며 놀라움을 표시해 스타의 탄생을 예고했다.

로스트로포비치가 누구인가? 거장 카잘스에게 사사받은 현존하는 불세출의 전설, 그 자체가 아닌가? 이 별들의 만남을 이해하려면 우선 카잘스의 신화로부터 거슬러 올라가지 않으면 안 된다.

취학 전의 아주 어린 나이에 우연히 첼로를 들고 그 마력에 빠져 든 스페인 출신의 한 신동---12세 때인가 어느 날 고서점에서 한 뭉치의 악보를 발견하고는 깊은 충격에 빠져 든다.

바흐의 '첼로를 위한 무반주 모음곡'! 오직 첼로를 위해 쓰여진 매혹적인 선율의 악보에 운명적으로 끌린 소년 카잘스는 그날부터 13년 동안 날마다 그 곡을 연습하는 집중력을 보인다. 그런 가공할만한 연습량을 소화하고 난 25세 때 비로소 그는 그 음악을 세상에 공개하는 데 음악계는 충격과 경악에 빠지고 그 이후로 첼로를 위한 무반주 모음곡은 첼로의 전설로 굳어진다.

그 후에도 아주 오랜 시간의 연습을 하고 난 후 완숙기 이후에야 자신의 연주를 녹음했는데 그 구도적인 광기 자체도 음악뿐 아니라 모든 예술하는 사람들에게 깊은 자극의 공명으로 각인되는 전설이 된다.

카잘스는 첼로요 첼로하면 바흐의 무반주 모음곡!---.

그 카잘스가 농염하고도 원숙한 경지에 이르렀을 때 문득

제자를 키워 자신의 세계를 잇게 해야 되겠다는 자각적 생각을 하게 되는데 이 결과로 탄생한 것이 바로 첼리스트들의 황금 등용문! 카잘스 콩쿠르였다.

첼로 음악의 증진을 위한 의도도 있었지만 자신의 콩쿠르는 자신의 수제자를 찾아 나선 대가의 더 큰 완성을 위한 욕구의 일환이 사실 더 크게 작용된 기획---.

이 콩쿠르에서 카잘스는 자신의 귀가 번쩍 뜨이는 인상적인 젊은 연주가를 찾아내는데 그렇게 발굴된 청년, 그가 바로 폴란드 출신의 로스트로포비치였던 것이다.

만족할 만한 제자를 얻은 카잘스는 이후로 혼심을 다해 로스트로포비치를 가르치고 그 자양분과 스스로의 천재적인 노력과 깊이, 역량으로 인해 로스트로포비치는 물이 흐르듯 자연스럽게 그 흔들리는 현으로 세상을 평정하게 된다.

세월은 흘러 로스트로포비치가 어느덧 스승의 위치에 이르게 되고 그 평생에 진 빚을 갚는 마음으로 이번에는 로스트로포비치가 바흐의 그 곡을 연주하고 녹음한다. 그리고 또 제자를 키우기 위해 자신의 이름을 걸고 콩쿠르를 4년마다 개최하게 되는 데 겁도 없이 장한나가 출전, 데뷔한 무대가 바로 그 콩쿠르였던 것이다.

그 무대의 한 켠에서 자신의 음악을 전수해 줄 제자의 역량을 갖춘 대상을 굶주린 사자처럼 노리고 있는데 첼로를 끌다시피

들고 나온 11세의 동양에서 온 소녀! 그 소녀의 음악에 거장은 자리를 박차고 일어났던 것이다.

자신이 스승 카잘스로부터 받았던 음악적 사랑, 그 대가의 사랑을 이렇게 찾아 낸 장한나에게 로스트로포비치는 아낌없이 쏟아 붓는다.

그렇게 '반복' 하기를 4년---.

로스트로포비치는 다음과 같은 말을 들려주며 자신의 제자를 놓아 보낸다. "이제 음악의 열쇠를 네게 넘겨준다.---앞으로 로스트로포비치 나 자신을 포함해서 그 누구에게도 레슨을 받지 말라!---오히려 내가 함께 연주하는 훌륭한 지휘자들, 그리고 무대에 서는 경험을 통해 스스로 음악세계를 열어가라!"

15세의 나이, 장한나가 그 심오한 거장의 사랑과 성장의 원리들을 이해할 수 있었는지는 모르지만 어쨌든 그날 이후로 장한나는 홀로서기를 소화해 나간다.

결국 연주라고 하는 기술과 기능도 일정한 깊이로 들어가면 바로 삶의 문제,

자신이 11세 때 만난 스승 로스트로포비치는 학교생활에 충실하고 또래 친구들과 함께 성장해 가라고 충고해 주지 않았던가?

그 문제는 기술의 전수로만 되는 것이 아니라 스스로의 성

장과 과정으로만 경험이 가능한 것. 그래서 스승은 이제 스스로 만들어 가라고 놓아 보낸 것이 아닌가? 그 후 장한나는 삶과 내면, 인간에 대한 더욱 깊이 있는 이해를 위해 스스로 하버드 대학에 철학을 공부하러 들어간다.

결국 스승의 가르침을 제대로 이해한 것일까? 카잘스와 로스트로포비치, 그리고 장한나! 이 거장들의 신화들은 사실 따지고 보면 우리들의 이야기와 다르지 않다.

일상에 밋밋하게 묻혀 있는 우리 소시민들도 누구나가 성찰해 보면 자신만의 무대 위에 서 자신의 삶을 연주해 나가도록 내몰린 숙명의 연주가들이 아닌가? 환호와 갈채, 눈에 볼 수 있는 영광의 무대는 아니더라도 가장 무서운 청중은 바로 스스로의 자신이며 오직 하나뿐인 음악을 소화해야 하는 연주가! 무대에 서야만 하는 거장은 자기 자신이 아닌가?

로스트로포비치는(우리와 같이) 무대에 내몰린 애제자에게 자기창조의 과제를 던짐으로 드넓은 세상으로 놓아 보내고 있다. 나는 나의 더 많은 남은 무대들을 어떻게 소화해 낼까?

"---그러나 인생이 반복이라는 사실과 또 인생이 반복한다는 이 사실 때문에 인생이 아름답다는 사실을 깨닫지 못하는 사람은, 자기 자신에게 유죄판결을 내리는 자이며---"(키엘케고르, 〈반복〉)

일찍이 키엘케고르는 기계적이기 쉬운 그날그날을 언제나

새로운 결의와 각오, 감격으로 살아가는 내면과 기쁨을 '반복'이
라는 말로 표현을 했는데 로스트로포비치가 애제자에게 주문한
것은 바로 그 반복의 삶의 감격이 아니었던가? 자기 확신에 건강
한 존재감! 그 삶의 동기와 능력으로는 "기대에 대한 불안이 없으
며 탐험에 따르는 불안한 모험도 없다. 순간에 대한 지극히 복된
확실성만이 있을 뿐---" 자신에게 통하고 시장에서 통할 수 있
는 경쟁력은 쉽게 생성되지 않는다.

  결론은 그 채우는 긴 과정을 매너리즘으로 메마르게 규칙으
로만 경험할 것인가? 아니면 자기창조와 호기심, 기대감으로 스
스로를 발전해 나갈 것인가? 하는 것에 대한 선택은 오직 나의 책
임이다.

  반복은 반복을 통하여 스스로를 변화시키며 성장시킨다.

  어떻게 살 것인가? 내 삶, 내 영혼이 기뻐하는 원리도 이
'살아있는' 원칙과 기술에 얹힌다면 나도 괜찮은 삶을 살수 있지
않을까? 문득 그 장한 장한나를 생각하며 오늘 내가 딛고 있는 시
간과 공간을 생각해 본다.

  복잡한 현대사회는 우리로 하여금 때로는 도피하고 싶은 심
정을 갖게 하기도 한다. 아름다운 마음의 소유자들이 상처를 받는
시대이다.

  이러한 사회 속에서 어떤 노력으로 우리 그리스도인들이 하
나님과의 깊은 교제를 통해 평화를 누리며 살 수 있을 것인가

"너희가 인내가 필요함은 너희가 하나님의뜻을 행한 후에 약속을 받기 위함이라 (히10:36)"

는 말씀대로 우리는 끈질긴 노력을 해야 한다.
이 험난한 세상 속에서 하나님의 영광만을 바라보고 어려움을 당하면서도 기뻐 할 수 있는 강하고 순결한 마음의 신앙을 가질 수 있도록 늘 기도하며 힘써야 할 것이다.

"내가 여호와를 기다리고 기다렸더니 귀를 기울이사 나의 부르짖음을 들으셨도다(시40:1)"

라는 말씀대로 다윗은 자신의 힘으로는 도저히 헤쳐 나올 수 없었던 무력한 상황에서 기나긴 고통 중에서 하나님을 인내로써 소망한다.
자신의 부르짖음에 하나님께서 응답하시기를 간절히 소원하고 있다. 다윗의 끈질긴 간구는 마침내 결실을 보게 된다.
기도는 즉각적으로 응답되는 경우도 있으나 늦어질 때도 있으므로 낙심치 말고 인내로써 응답될 때 까지 반복하여 간구를 계속해야한다.

고난을 당할 때 끝까지 인내하기란 지극히 힘들고 어렵다. 그러나 주님께서는

"끝까지 견디는 자는 구원을 얻으리라(마24:13)"

고 하셨다. 일평생 주님만을 바라보며 살다가 순간을 참지 못하면 광야의 이스라엘 백성들처럼 가나안복지에 들어갈 수 없다.
우리는 최후의 순간까지 인내함으로써 구원의 축복받는 성도가 되어야한다.

다이돌핀이 주는 지혜

초판 인쇄 | 2009년 9월 9일
초판 발행 | 2009년 9월 15일

지 은 이 | 김진수 목사
펴 낸 곳 | 새암

등   록 | 2009년 4월 17일
등록번호 | 제300-2009-42호

주소 | 서울 종로구 효제동 51-3 은암빌딩 2층

전화 | 1588-9109
팩스 | 02-2179-8291

E-mail | seam21@ymail.com

값 12,000원
  • 본사의 허락없이 무단전재와 무단복제를 금합니다.